植西 聰
Akira Uenishi

まんがと図でわかる

マーフィー 人生を変える奇跡の法則

Change Your Life by Murphy's Law

興陽館

イラスト・漫画　黒沢R

人生というものは、ちょっとしたことで変わっていきます。

はじめに——この本を開いたときから、あなたの人生は変わっていきます

あなたは、どんな夢をもっていますか?

私たちはそれぞれが自分の夢をもっています。

「豊かな人生を送って幸福になりたい」
「仕事のできる人になりたい」
「成功したい、お金を稼ぎたい」
「起業して、自分の会社を成功させたい、上場させたい」
「試験に合格したい、難関を突破したい、希望の学校、一流会社に入りたい」
「運命の人と出会って、最高に愛されたい、結婚したい」

夢をかなえたい、成功したい、億万長者になりたい。
この自分の人生を変えてみたい。

同じように願いながらも、その願いがかなう人もいれば、変わらず、そのままの人もいます。

なぜ、この世界には**成功する人と成功しない人が存在する**のでしょうか。

同じように夢をかなえたい、人生を変えたい、と心に描いているのに、人生が変わる人と変わらず、うだつのあがらないまま一生を終える人にわかれる理由は？


その差は一体どこにあるのか。


世の中は不平等にできていて、こういった夢がかなう人は少数で、大半の人は「夢がかなわない」「人生が自分の思い通りに好転していかない」と嘆いているのが現実です。

でも、本当に世の中は不平等なのでしょうか。いいえ、そんなことはありません。

成功する少数の人は、簡単に成功していくものなのです。

なぜ、彼らは成功するのでしょうか。

それは、彼らは成功するためのちょっとした方法を知っていて、実践しているからなのです。

ただ、それだけの違いです。

この方法を、理論的、科学的に研究したのがマーフィー博士です。

マーフィー博士は、**心の力**を徹底的に研究しました。

その結果、**見えない心の力、すなわち「潜在意識」というものが大きく成功に影響することを発見しました。**

この潜在意識には驚くべき力があること、これをうまく利用すると、人は簡単に成功することに気付いたのです。

「潜在意識の魔力に目覚めれば、人生はあなたの思い描いたとおりに展開していくようになります。人生をいくらでも自分の望む方向に変えていくことができるのです」

こう、マーフィー博士はいいます。

私は、長年マーフィー理論を研究し、多くの人がこのマーフィーの法則に沿って、成功していくのを見てきました。このマーフィーの法則の魔力を実感しています。

今回、このマーフィー理論のすごさをさらに多くの読者に伝えたい、という思いからこの本を上梓することにいたしました。

潜在意識をどのように利用すればよいのか。

成功イメージを脳にインプットする、**図解と書き込みページ**が、あなたの夢実現の強力な応援者になってくれることでしょう。

マーフィーの法則を、実践すれば人生は変わっていくのです。

この本で、あなたは、簡単に成功する人の習慣が身につきます。

あなたの中には「成功」「お金持ち」「夢」を実現する無限の力が宿っていることを知ってください。


さあ、この本のページを開いてみてください。

たったの一日5分で、あなたの人生は変わっていきます。


夢を100%かなえるたったひとつの方法、それがマーフィーの法則なのです。

植西　聰

※なお、この本の中に出てくる事例は、プライバシー保護のため、氏名、職業、年齢、状況などの内容を一部変更しました。

私は営業に配属されて2年のOL
いつまでたっても売り上げが上がらなくて悩んでいます
外回り行ってきま～す
トボトボ
お客さんの前で上手く喋れなくて
今日こそ契約とってこいよー
部長うっさいわー…
なんか毎日がユーウツ…

…って
どうせ契約なんて
取れないんだし
時間つぶそーっと
キーコ
キーコ
私って
昔から
こう…
何を
やっても
うまく
いかない
はー
なんで私なんかが
営業部に配属され
ちゃったんだろ…
無理に
決まってる
じゃない…
あ〜あ…
私の人生
ずっとこんな
なのかな…
人生は
変えられ
ます！

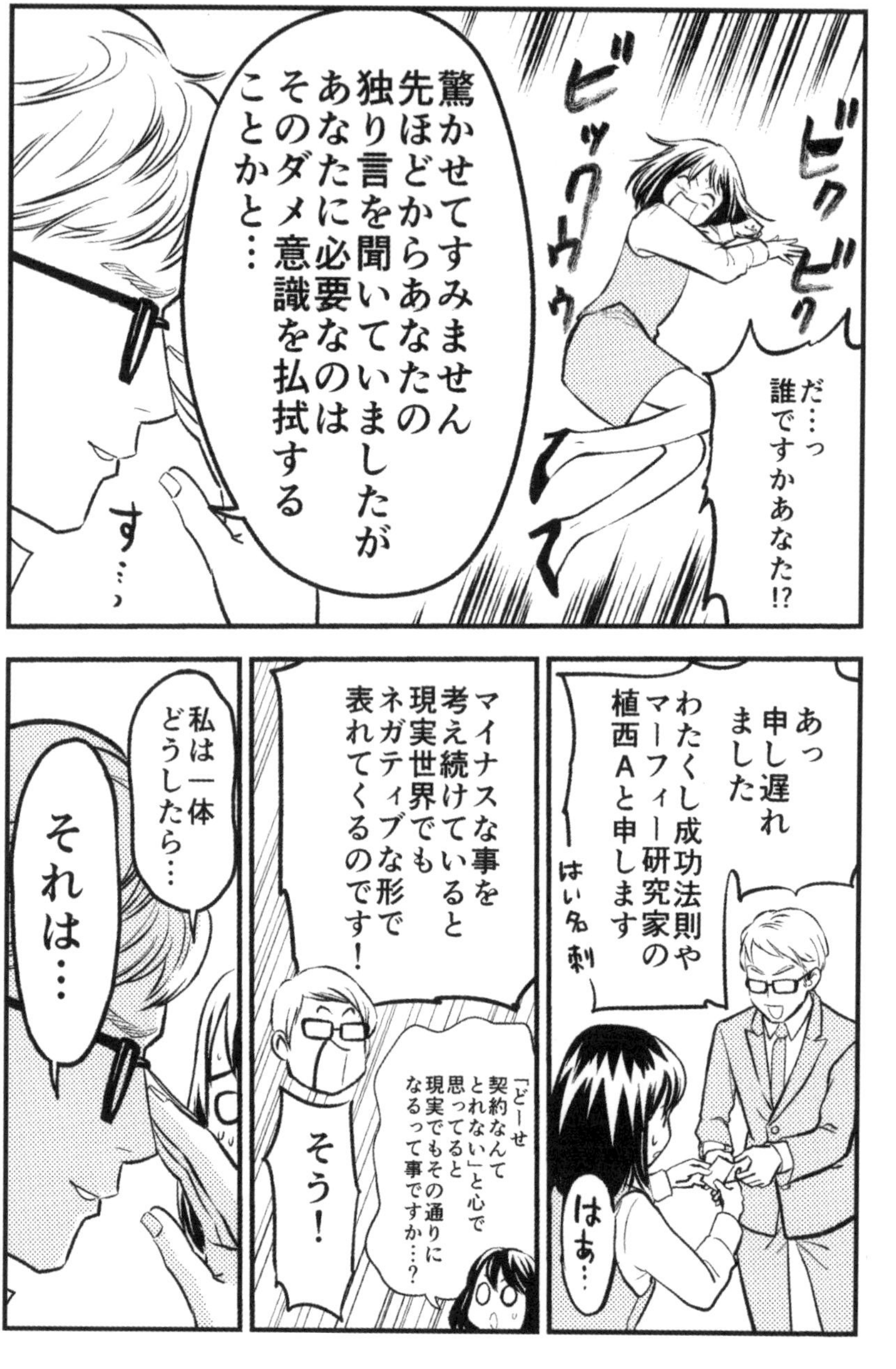
ビクビク
ビックゥゥゥ
だ…っ
誰ですかあなた!?
驚かせてすみません
先ほどからあなたの
独り言を聞いていましたが
あなたに必要なのは
そのダメ意識を払拭する
ことかと…
す…っ
あっ
申し遅れ
ました
わたくし成功法則や
マーフィー研究家の
植西Aと申します
はい名刺
はあ…
マイナスな事を
考え続けていると
現実世界でも
ネガティブな形で
表れてくるのです!
「どーせ
契約なんて
とれない」と心で
思ってると
現実でもその通りに
なるって事ですか…?
そう!
私は一体
どうしたら…
それは…

プラスの事を思うのです！
そんな…全然契約がとれないのにプラス思考になんてなれるわけ…
ビシッ
今すぐ心の中を変えるのと今すぐ契約とってくるの…
どっちの方がすぐに出来ます〜!?
こ…心の中を変える…
では早速トライ！
ビシュッ
きゃ———！

営業部の新入社員ゆめさんは、自分の成績があがらないことを悩んでいました。

そして自分はダメなんだと自分を責めていました。

でもこれはとても恐ろしいことなんです。

なぜなら、自分はダメだということを自分の潜在意識に刷り込んでしまうから。

ついつい、私たちはうまくいかなかったとき、自分を責めてしまいます。

これをやめれば、随分と変わっていきます。

私はダメなんだもの、夢なんて実現しない、という方は、その心の角度を変えれば、大きく明日が変わっていきます。

この本で成功する人の習慣、具体的な夢のかなえ方を述べていきます。

このシンプルで簡単な人生を変える方法で、あなたも人生を変えてみてください。

目次

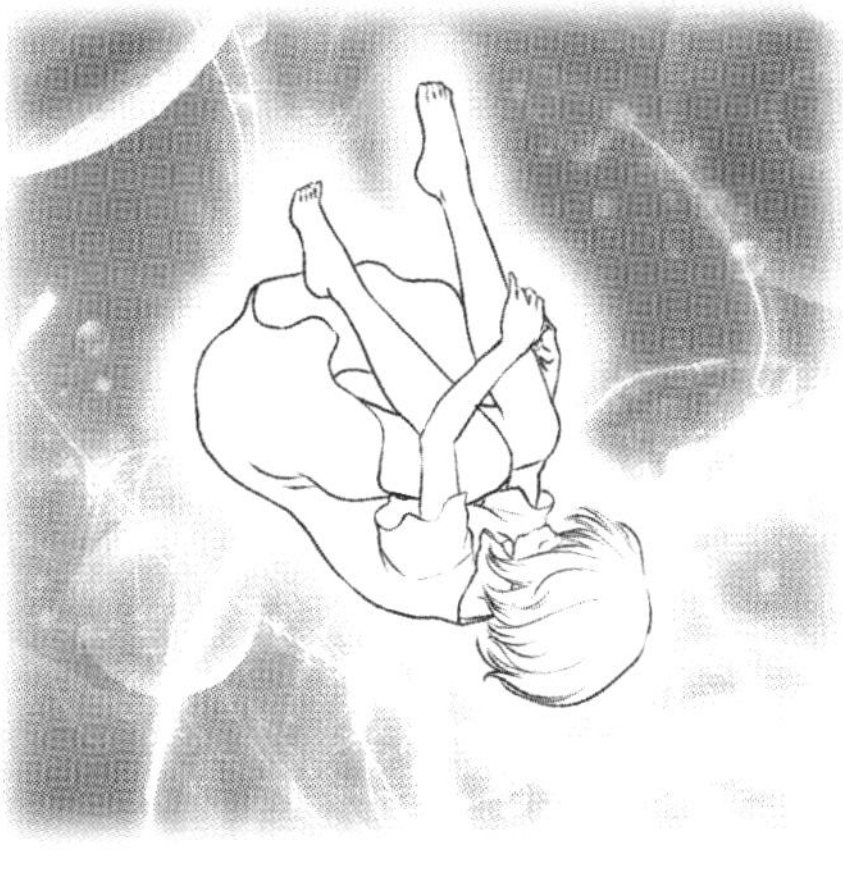

「私は世界中のいたるところで、大勢の人が夢をかなえ、生きがいを満喫している姿をこの目で見てきました。

もちろん、あなただって例外ではありません。

あなたが潜在意識の魔力を使い始めるなら……」


……………………………………………………マーフィー博士

PART 1

あなたの心には、人生を激変する奇跡の力がある！

「あなたは、永遠の大秘密とは何だと思いますか？永遠の大秘密とは、あなた自身の潜在意識の中にある、この驚くべき、奇跡を起こす力なのです」

……………………………………… マーフィー博士

人生を
変える方法
1

心の力を利用すれば、いいことがいっぱい起きる

潜在意識にあなたの夢を送りこむ

「あなたの潜在意識の深いところには、無限の知恵、無限の能力、すべての必要物に対する無限の供給源が潜んでいます。

これは、あなたによって引き出されることを心待ちにしています。

そのためには、あなたが望んでいることを潜在意識に知らせなくてはなりません。」

マーフィー博士

★あなたのまわりにいいことだけ起こす方法

潜在意識は人がいつも思っていること、考えていることに反応し、さまざまな形としてあらわれてきます。

しかも、それは「喜び」「楽しみ」「希望」といったプラスの感情だけでなく、「恐怖」「不安」「心配」といったマイナスの感情にも反応します。

つまり、事の「いい、悪い」を問わず、心が受け入れたものをすべて無差別に実現してしまう性質があるのです。では、「いいこと」だけをあなたのまわりに起こすためにはどうすればいいのでしょう？

潜在意識の働きをプラスに活用するためにはどうしたらいいのでしょう？

このことについて、マーフィー博士は次のようにいいます。

「あなたが潜在意識にひそむ力にふれ、その力をうまく活用していけば、あなたの人生にはもっと力が入り、もっとお金持ちになり、より健康に、より幸福になり、さらに多くの夢をかなえることができるようになります」

★人生はあなたの思い通りに展開していく！

つまり、幸福な人生を歩むためには、潜在意識に夢や願望といった**プラスの想念を送り込むこと**が重要になってくると指摘しているのです。

それならば、**「自分はいつか必ずこうなってみせる」「将来、絶対にこういう人生を歩む」と心の中で強く叫ぼうではありませんか。**

たとえ、いまがどうあろうとも、**なりたい自分をひたすらイメージしよう**ではありませんか。

それを毎日、繰り返していけば、その思いが想念となって潜在意識にインプットされるため、**いつか人生は自分の思い通りに展開していくようになるのです。**

お金
幸せ
夢
目標達成
愛
健康
リストラ
病気
事故
恐怖
不安
プラスの感情
マイナスの感情

人生を変える方法

2

眠りながら、奇跡を起こす方法

夢の中で**創造**する

『あなたの潜在意識の中にあるこの無限の知性は、驚くべき独創的な知識をあなたに与えてくれるでしょう』

——マーフィー博士

★潜在意識は、あなたの才能を解き放つ！

この潜在意識には忘れてはならない特性があります。

それは、問題解決を望んでいたり、アイデアを欲していると、それに対して適切な答えを与えてくれるということです。

といっても、ピーンとこないかもしれないので、まずはマーフィー博士の次の言葉を紹介しましょう。

「もし、あなたが小説やマンガや絵や劇や詩を書いていたり、音楽を作っていたり、発明にとりかかっているのであれば、潜在意識に解答をゆだねなさい。

あなたの潜在意識の中にあるこの無限の知性は、驚くべき独創的な知識をあなたに与えてくれるでしょう。どんな問題でも完全な解答を示してくれるはずです」

要するに、**潜在意識には無限の知恵・無限の能力・無限のアイデアが備わっている**ので、あなたがそれを欲すれば、いつでも供給してくれるというのです。

ビートルズのメンバーだったポール・マッカートニーも、ジョン・レノンが作った歌詞を唱えながら眠りに就くと、夢の中で少女がすばらしいメロディを口ずさんでくれるというのです。

ときには、「ここで、ストリングス（オーケストラ）をかぶせたほうがいい」「この曲はエレキギターではなく生ギターのほうがいい」とアドバイスしてくれることもあるといいます。そうして、できあがった曲がかの有名な『イエスタディ』だというのは、あまり知られていない逸話です。

もっとも、こういう話をすると、「それは彼らが天才中の天才だから」と、言うかもしれませんが、マーフィー博士はそういう考えを否定するかのように、はっきりとこう言っています。

「あらゆる時代の偉人が持っていた偉大な秘密は、自分の潜在意識の力にふれて、それを解き放つ能力があったということです。そして、同じ芸当は、人間である以上、あなたにも十分可能なのです」

先ほども述べたように、**潜在意識には無限の知恵・無限の能力・無限のアイディアが備わっていて、それは人それぞれの手によって生かされ、開発されることを、今か今かと強く待ち望んでいるのです。**

だったら、遠慮なんかしないで、どんどん活用しましょう。

そうすれば、潜在意識は人生に欠かすことのできない頼もしい助っ人になってくれるはずです。

人生を
変える方法
3

見えない心の9割が
すべてを決める

自分の中の『**潜在意識の力**』を
味方につける

「あなたは、永遠の大秘密とは何だと思いますか？
永遠の大秘密とは、あなた自身の潜在意識の中に
ある、この驚くべき、奇跡を起こす力なのです」

マーフィー博士

★心の90パーセントの正体とは何か？

「潜在意識」。この言葉が登場するまで、多くの人たちは、「科学によってすべてのことが解決できる。理性があればあらゆることに対処できる」と考えていました。

その元となったのは、一七世紀の哲学者デカルトが打ち立てた「理性万能思想」です。彼はこの宇宙には物質しか存在しない。物質はすべて物理の法則に従って動いている。唯一、例外なのが人間の理性で、理性は人類の進歩・発展に欠かすことのできない重要な要素なのだ」と力説しました。

この考えはやがてヨーロッパ全土に大きな影響をもたらし、それはやがて、日本にも浸透しました。

その結果、科学はどんどん進歩、発展してゆき、二〇世紀に入ると、この科学万能・理性万能の考え方は最高潮に達していきました。

しかし、科学万能・理性万能の考え方は、いま、大きな行き詰まりを見せています。人間は経済効率主義という大義名分の下、利潤追求を担うロボットのようになってしまった結果、格差社会、勝ち組負け組といった現象、神経症にかかる人の急増、凶悪犯罪などネガティブな事件が続出し始めました。

これはまさに、**目に見えないもの、科学では説明できないものの存在**の理解をなおざりにしたからだといっていいのではないでしょうか。

このことをいち早く憂えたのが二〇世紀の初頭、ウィーンで精神科の病院を開業していた心理学者のフロイトです。彼は数多くの患者の診察を通して、「理性万能思想」に、疑問を抱いていました。

「最愛の妻と死に別れ、ノイローゼになった患者は、どうして理性で解決できないのだろう？」

「ハラが立つと興奮しだす患者は、どうして感情をコントロールできないのだろう？」

こう考えたフロイトは、精神医学に精神分析を取り入れ、独自の診察を重ねていきました。

その結果、理性に当てはまる部分は、心の働きの10パーセントにすぎないことを解明したのです。

では、残りの**90パーセントを占める心の働きの正体**とはいったい何か？　これこそが理性では認識できない心、つまり**潜在意識**なのです。

そして、フロイトは**この潜在意識こそが、人間の心身、ひいては人生に大きな影響を与えている**という画期的な説を打ち立てたのです。

フロイトが発見した潜在意識にはいったいどんな働きがあるのでしょう。これについては、マーフィー博士の次の言葉が参考になると思います。

「異性を愛する気持ちや、親が子を愛する気持ちは潜在意識から発せられています。この感情には、理性も絶対に逆らうことができません」

要するに、**潜在意識には本能をつかさどる働きがある**というのです。

「こういった異性に対する思いは本能にほかならず、それは潜在意識から発せられている。」このようにマーフィー博士はいうのです。

親が子を愛する気持ちも同じです。

子供が重病にかかると、「この子が助かるなら、自分が死んでもかまわない」という親がいますが、こうした親子の愛情も理性を飛び越えた潜在意識の働きによるものなのです。

続けて、マーフィー博士は「**潜在意識にはその人の習慣をつかさどる作用もあります**」と指摘しています。

よく、「サバを食べると、いつもジンマシンが出る」「いつもは胃腸が丈夫なのだが、牛乳を飲むと、きまってお腹をこわす」という人がいますが、これらもまた潜在意識の作用が大きく影響しているというのです。

これらは、医学的見地から考察すれば一種のアレルギー症状であることはいうまでもありません。

しかし、それ以前に、「何々を口にしたらこういう症状を起こそう」と潜在意識が身体に指令を下すため、そういう症状が起きるとマーフィー博士はいうのです。

★潜在意識は、不治の病も治す

また、よく、医者から見放された不治の病が、祈りや霊能力者の力によって、完治したという話を耳にしますが、マーフィー博士は、フランスのルルド地方にある泉にはそれとまったく同じ効果があるというのです。

そのことを示す好例として、マーフィー博士はある婦人をよく引き合いに出しています。

その婦人はあるとき、突然、激しい頭痛とめまいに襲われ、目が見えなくなってしまいました。

医師は視神経が麻痺したため目が見えなくなったと診断したのですが、完治は不可能で、一生、盲目のままだろうというのです。

しかし、ルルドの泉に行き、身体を洗い清めたところ、奇跡が起こりました。

瞬く間に視力が回復し、数百メートル先にある景色まで見渡せるようになったのです。

潜在意識の働き
ルルドの泉の奇跡
目が見えるようになった！
病気が治った！
これも潜在意識の力なんですか!?
信じる心がそうさせたんです！
サバを食べると蕁麻疹がでる
うわ〜っ
親が子を愛する気持ち
こういうのって本能とか理性の働きじゃ…
アレルギーじゃないんですか？
思い込みがそうさせていることもあります
理性が心に働きかける力は10％しかありません

ちなみに、ルルドの泉の近くにあるカトリック教会の調査によれば、この種の報告は五千件以上に達し、そのうち現代医学で解明できないものが百件近くあるといいます。

では、これはまさしく〝神癒〟なのでしょうか？

このことについて、マーフィー博士は次のような見解を述べています。

「ルルドの泉に入って病気が治った人は、ルルドの水によって癒されたのではなく、その人たちの潜在意識によって癒されたのです。

『この泉で身体を洗い清めれば、必ず病気が治る』という信仰心が暗示となって、潜在意識に強烈な働きかけをしたのです。潜在意識はその呼び声に応えたにすぎません」

潜在意識は人を生かす力がある……。

もし、これが本当だとしたら、私たちは潜在意識に対して、大いなる安心感と希望を見出すことができます。

「私は必ずこうなる」と信じつづければ、潜在意識の力によって、望ましい結果を現象として引き起こすことが可能になるからです。

この真理に目覚めれば、人は願望もお金も健康も思いのままに操ることが可能になるのです。

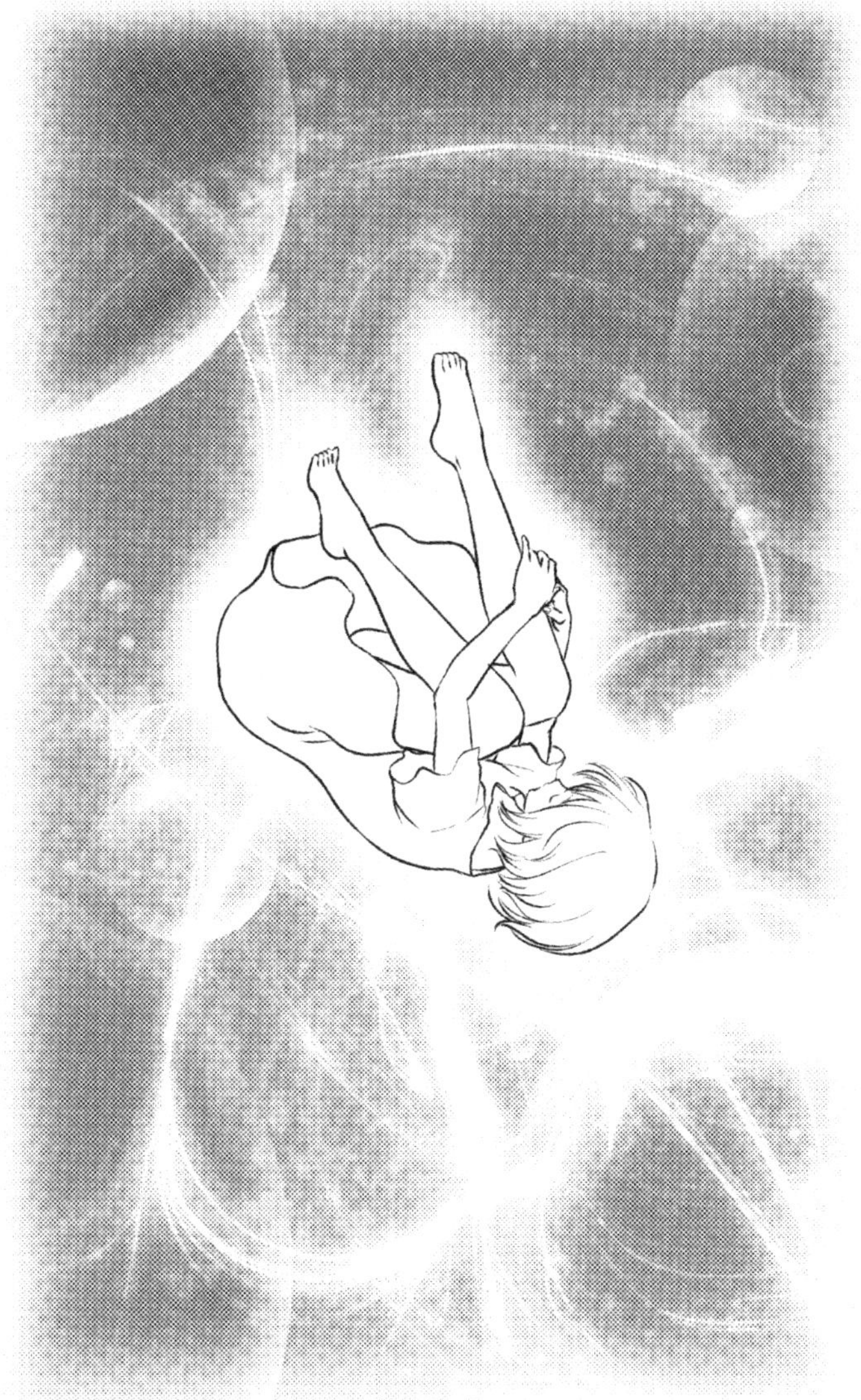

もうひとつの潜在意識、4つの特徴

人生を変える方法 4

相手の幸せを自分のことのように喜ぶ

「他人の幸せを豊かな気持ちで祝福しましょう。そうすれば、あなたもまた周囲の人から祝福されます」

マーフィー博士

★潜在意識の4つの秘密

フロイトが潜在意識の存在を証明してからしばらく経って、今度はスイスの精神科医ユングがフロイトに劣らないほど重要な研究に没頭し始めました。

「フロイトが唱えた個人の潜在意識の下に、もう一つ別の大きな潜在意識が存在する」わかりやすくいうと、私たち一人一人の潜在意識は、人間共通の潜在意識というべく心の大海原につながっているというのです。

では、この人間共通の潜在意識にはどういう特徴があるのでしょう。

これについて述べると、**第一に人間の過去の情報やデータが、人類全体の遺伝として蓄積されている点**を挙げることができます。

例えば、ヘビを初めて見ただけでたいていの子供が怖がるのは、人間共通の潜在意識の中に、大昔、人類がヘビを見て恐怖を憶えた記憶が残っているからなのです。

実際、どの民族においても、ヘビは悪魔なり、魔物の象徴でした。

イヴに悪事を勧めたのも、ギリシャ神話に登場するゴーゴンとメデューサという名前の恐ろしい妖怪姉妹も、日本神話でヤマトタケルノミコトに退治されたヤマタノオロチもみんなヘビだったことは、よく知られている話です。

第二に虫の知らせが挙げられます。

よく、肉親や親友が亡くなったとき、予感めいたものを感じる人がいますが、これなどは人間共通の潜在意識において人々の心が通い合っている証拠なのです。

第三に予知や正夢といった現象を起こす点が挙げられます。人間共通の潜在意識の中には、過去だけでなく、未来についての情報もふんだんにインプットされているからです。

第四に人間共通の潜在意識には「おうむ返し」の作用がある点も見逃せません。

「他人の幸せを豊かな気持ちで祝福しましょう。そうすれば、あなたもまた周囲の人から祝福されます」

「あなたがもし他人の失敗や不幸を望んでいたとしたら、あなた自身も失敗をまねき、不幸になる可能性が大きいことを知るべきです」

これらは、いずれもマーフィー博士の言葉ですが、すべての人間の心は人間共通の潜在意識を通してつながっているため、相手に対する思いは良くも悪くも、ブーメランのように跳ね返ってくる仕組みになっているのです。

そのためには、他人を立てたり、人に喜びを与えたり、貢献することが重要になってくるのです。

以上、人間共通の潜在意識の特徴について解説しましたが、私たちの心と直結している点からいえば、フロイトが証明した個人の潜在意識も、ユングが証明した人間共通の潜在意識も質的に大きな差異はありません。

そこで、混乱を防ぐ意味でも、本書ではこの先、この二つを統合したものを潜在意識と呼んでいきます。

人生を
変える方法
5

心をきれいに洗浄する方法

マイナスの感情がでてきたら、スイッチ・チェンジする

「プラスの磁気を帯びた人は、希望と喜びにあふれている人です。こういう人は、自分は勝利を得、成功するように生まれついているのだということを知らず知らずのうちに自覚しています」

……マーフィー博士

★いつもポジティブでいる重要性

あなたは知らず知らずのうちに潜在意識に不幸の種をまいていないでしょうか。

世の中には、「ビジネスで成功をおさめたい」「希望する仕事に就きたい」「欲しいモノを手にいれたい」といった願望を次々とかなえる人もいれば、そうでない人もいます。

この違いは、前者は、知らず知らずのうちにプラスの想念を潜在意識にインプットしているので、**「良いことを思えば良いことが起きる」**という心の法則にしたがって、良い結果が出てくるのです。

逆に後者は、知らず知らずのうちにマイナスの想念を潜在意識にインプットしているため、**「悪いことを思えば悪いことが起きる」**という心の法則によって、いつも悪い結果しか出てこないのです。

そして、この**「知らず知らずのうちにプラス（マイナス）の想念を潜在意識にインプットしている」**という箇所がものすごく重要になってきます。

というのも、私たちがいつも考えていること、すなわち想念は朝夕を問わず、たえず潜在意識にインプットされているため、一時的に願望を強く念じたり、良いことを思っても、それ以外の時間に、無意識に正反対のことを思っていたら、そちらの想念が優先的に潜在意識にインプットされてしまうからです。

どういうことか、これをお風呂のお湯にたとえて考えてみるとわかりやすいと思います。

たとえば熱いお風呂に入ろうとお湯をわかしました。

しかし、わいたお風呂がぬるいので、温度を高めに設定して、再度、わかしなおしました。

でも、そのそばから、大きな氷のかたまりを浴槽の中に入れ続けたらどうなるでしょう。

お風呂はいっこうに熱くなりません。

つまり、繰り返しいいますが、潜在意識には事の善悪を判断したり、選択する能力がありません。

したがって、あなたがいくら良いことをイメージしても、マイナスの感情が上回っているようであれば、潜在意識はそちらに反応を示してしまうため、真意とは裏腹に、不幸や失敗といった現象を引き起こしてしまうのです。

そこで、こういう場合の対処法ですが、どういうときにマイナスの感情がこみあげてくるかをあらかじめチェックしておき、実際にそういう感情がこみあげてきたら、**スイッチ・チェンジを行い、できるだけプラスのことを考える**クセをつけておくといいと思います。

つまり知らず知らずのうちにマイナスの想念を潜在意識にインプットしているとしたら、それを逆手にとって、先回りして、予防線を張るのです。

マイナスの感情に陥りやすいTPOをあらかじめ把握しておき、思考回路のスイッチ・チェンジを行うだけでも、潜在意識の洗浄化につながっていくのです。

マイナスの感情は一種の害虫みたいなものなので、見つけしだい、意識的に駆除していかなければなりません。

マイナスの感情に陥りやすいＴＰＯは以下の通りです。

こんなとき思考回路のスイッチ・チェンジしてみてください。

□朝、起きて、洗顔しているとき
□朝の通勤ラッシュのとき
□仕事でミスを犯し、上司からしかられたとき
□商談がうまくいかなかったとき
□外回りしてクタクタになったとき
□テレビや新聞で暗いニュースを知ったとき
□帰路につく途中

契約とれない〜
会社に戻りたくないよ〜
営業職なんて向いてなかったのよ…
スイッチチェンジ
今日はたまたまうまくいかなかっただけ！
できる！私にはできる！

ダメ意識はこうして取りのぞく

人生を変える方法
6

暗いニュースは見ない、聞かない、検索しない

「小さな目標を達成しましょう。どんなに小さくてもいいから、成功体験を味わいなさい」

マーフィー博士

★二つの方法で苦手意識を取り除く

わたしたちは一日にマイナスの感情をいくつも抱きます。

上司から頭ごなしに怒鳴られたなら、反発心を抱くだろうし、同僚が先に出世すれば嫉妬するかもしれません。

あるいは、「ボクは大学を出ていない。だから、出世できない」「私は飲み込みが悪い。だから、キャリア・ウーマンになれない」「自分は身体が弱い。だから、無理ができない」といったダメ意識を抱くことはありませんか。

こういう自分はダメだという意識を持った場合の対処法として、マーフィー博士は次の二点を肝に銘じれば、ダメ意識が消滅していくと指摘しています。

「マイナスの想念の元凶となるマイナスの情報を遮断しなさい」
「どんなに小さくてもいいから、成功体験を味わいなさい」

まず、前者から説明を加えていくと、「どこどこの会社が倒産した」「どこどこの会社で何百人の人がリストラに遭った」といったネガティブなニュースは、なるべく耳にしないようにしたり、目にしないようにすることが望ましいというのです。

そういうニュースを耳にすると、「もし、私が同じような目に遭ったらどうしよう」という恐怖心や不安が芽生え、それがダメ意識を誘発することがあるからです。すると、その思いが悪い暗示となって潜在意識にインプットされるため、本当に不幸な現象が起きてしまいます。

ですから、マイナスの感受性の強い人は、暗いニュースはなるべく聞かない、見ないように心がけ、悪い暗示を心の中から排除することが重要になってきます。

後者に関しては、**小さな目標であっても、それを達成すれば自信がつき、その自信がダメ意識を取り除いてくれる**ということをマーフィー博士は指摘しています。

つまり、営業で契約が全然とれない人は一件でもとれるように頑張ればいい。二~三件しか取れない人は四件とれるように頑張ればいい。歩くのが嫌いな人は「一つ手前の駅から歩いて帰ろう」と、ちょっと頑張ればできそうな目標を掲げればいい。

そうやって、目標をクリアしていけば、「**私だってその気になればできる**」という気持ちになれます。そうすれば、ダメ意識も薄れていきます。

そうすればマインドが浄化されていくのを実感するはずです。

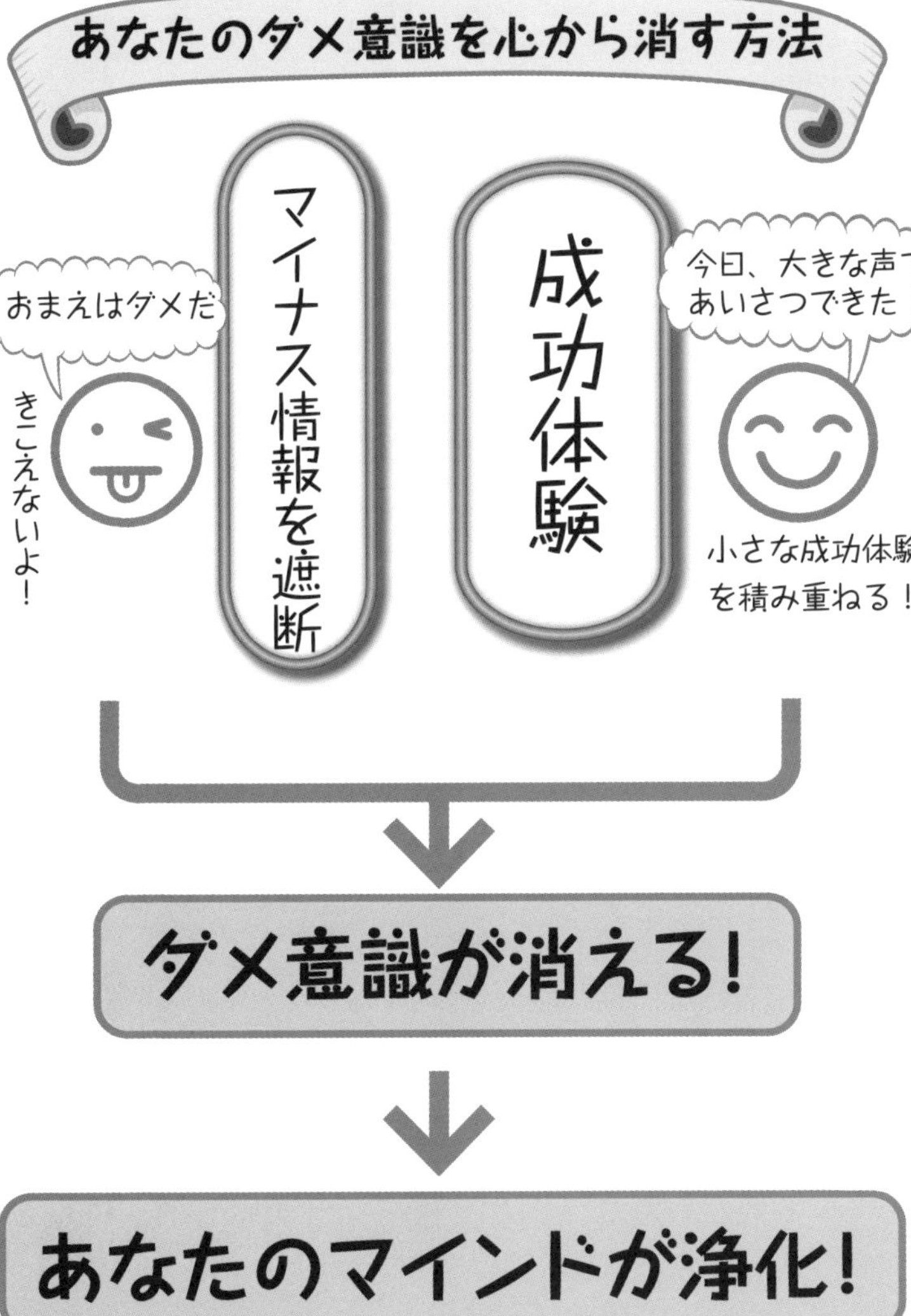
あなたのダメ意識を心から消す方法
おまえはダメだ
きこえないよ！
マイナス情報を遮断
成功体験
今日、大きな声で
あいさつできた！
小さな成功体験
を積み重ねる！
ダメ意識が消える！
あなたのマインドが浄化！

人生を
変える方法
7

嫉妬をやめ、「アングル・チェンジ」を図る

この思い込みを捨てれば、自分が変わる

「自分の不遇を嘆き、相手を非難するまえに、視点を変えて物事を洞察しなさい。今まで見えなかったことが見えてくるようになります」

――マーフィー博士

★この悪循環の断ち切り方

友人や知人、あるいは職場の同僚との会話も大切です。

「いいよな、Aのやつは。一流企業に勤めているから、給料だってたくさんもらえる」

このように、他人を嫉妬したり、うらやましがってばかりいる人も、いつまでたっても状況が好転ししません。

したがって夢がかなわないといっていいでしょう。

なぜかというと、他人に嫉妬するというのは、一方で報われない自分の状況を肯定していることにほかりません。

この場合でいうと、「自分は安月給だ」「私の生活は不安だらけだ」というマイナスの感情を暗示として潜在意識に送り込むことになるからです。

すると、想念を受け取った潜在意識の働きによって、その人はいつまでたっても、同じような生活を繰り返すことになるのです。

では、この悪循環を打ち破るためには、どうすればいいのでしょうか?

これについて述べると、マーフィー博士は**「アングル・チェンジ」**を図ることを推奨しています。

「アングル・チェンジ」とは、その名のとおり、モノを見る角度（アングル）を変える（チェンジ）という意味で、わかりやすくいうと**先入観や思い込みで物事を考えないようにすることをいいます。**

たとえば「いいよな、Aのやつは。一流企業に勤めているから、給料だってたくさんもらえるし、生活だって安泰だ」と考えている人も理屈は同じです。

ひょっとしたら、Aさんはその人よりもはるかに過酷な労働を強いられているかもしれません。

身も心もクタクタになるまで会社のため、家族のために働き続けているのかもしれません。それが原因で趣味や楽しみもない人生を送っているかもしれない……。

そう考えると、今の自分の境遇のほうがありがたく思えてくるのではないでしょうか。

ですから、不満が増大し、他人に嫉妬したくなったら、**「アングル・チェンジ」を図って、相手の立場で物事を考える習慣をマスターするとよいでしょう。**

そうすれば、隣の芝生が青く見えるどころか、自分の芝生のほうがずっと青かったことに気がつくかもしれません。

アングルチェンジで満足しよう
不安
出世
できない
恐怖
アングルチェンジ
幸福
ストレス
フリー
安心
自分の境遇に満足しよう

人生を
変える方法
8

先のことにクヨクヨと思い悩まない

不安、恐れを心から取り除く方法

「何事も用心するに越したことはありませんが、潜在意識にはあなたが考えたことをすべて無差別に実現してしまう働きがあるので、過度の恐怖や不安や心配といった感情は、極力取り去る必要があります」

……マーフィー博士

★恐れているものは現れる

こんな話があります。

あるところに大金持ちの男が住んでいました。

男は何不自由なく暮らしていたのですが、一つだけ大きな心配事がありました。

それは、疫病にかかることです。

当時、彼が住んでいた村では疫病が流行っていたため、「疫病にかかったらどうしよう」と、いつも思い悩んでいたのです。

そんなあるとき、男のもとへ魔法使いが現れ、彼にこう言いました。

「この村から千キロ離れたところにある精霊が宿る山に行き、そこに生えている薬草をせんじて飲めば、おまえは一生、疫病にかからないですむよ」

魔法使いからこの話を聞いた男は、早速、その山に向かって旅に出ました。

そして、何日も何日も旅を続け、ようやく精霊が宿る山が見えてきたとき、男はバタンと倒れ、そのまま死んでしまいました。

なんと旅の疲れで身体が弱っていたため、抵抗力がなくなり、疫病に感染していたのです。

あと、もう少しで山にたどり着けたというのにです。

この話はこのように解釈できると思います。

「恐れているものは、いつか、現象となって現れる」

つまり、あらかじめ予測できる危険を避けるために、細心の注意を払うのは良いことですが、必要以上に心配しすぎると、取り越し苦労となり、潜在意識にマイナスの想念をインプットすることになるため、それが現象となって現れてしまうということです。

では、恐怖や不安や心配といったマイナスの感情が湧き起こったら、どのように対処すればいいのでしょう。

★マイナスの感情の消し去り方

これについて述べるなら、マーフィー博士の著書に出てくるピアニストの例が参考になると思います。

そのピアニストは、あるとき、スランプに陥っていました。

ベートーヴェンのある曲のある部分に近づくと、「難関にさしかかったぞ」という気持ちが芽生え、必ず間違えてしまうのです。

「これでは、コンテストに入賞できない」

そう思ったピアニストはユニークな問題解決法を編み出しました。

その曲の問題の部分にさしかかったとき、人に頼んで電気掃除機をかけてもらうことにしたのです。

結果として、突然の騒音は難関を難関と意識させない効果があり、問題の箇所を難なく弾きこなすことができました。

この訓練を何度も行ううちに、そのピアニストはついにその曲を完璧に弾きこなすことができるようになったのです。

さて、この話の中には、恐怖や不安や心配といったマイナスの感情を追い払う一つの対処法が示されています。

それは、電気掃除機をかけたことで、ピアニストの意識がそちらの騒音にいったように、「失敗したらどうしよう」といったマイナスのことを考える〝いとま〟を与えないようにするということです。

つまり、恐怖や不安や心配を忘れる状態に自分を誘導していくのです。

たとえば、「リストラにあって会社をクビになったらどうしよう」といったことを思い悩んでいたら、**そのことを忘れさせてくれる何かに没頭するのです。**

人生に役立つ本を読んで魂をふるいたたせるのもひとつの方法でしょうし、独立、開業に役立つ資格の取得を目指して勉強するのも手かもしれません。

このように、**恐怖や不安や心配といった感情が湧き起こったら、それを忘れさせてくれる何かに意識を向ける**ことも潜在意識の浄化に欠かせないポイントになるのです。

どうなるかわからない先のことでクヨクヨと思い悩むのは、無駄なエネルギーを費やすだけで、何の得にもなりません。

人間は誰だって、今という瞬間しか体験できないため、タイムマシンでもない限り、未来の状況を変えることは不可能です。

それだったら、明るい未来のみを見つめ、あくまで期待し、楽しく生きたほうがはるかに得策なのです。

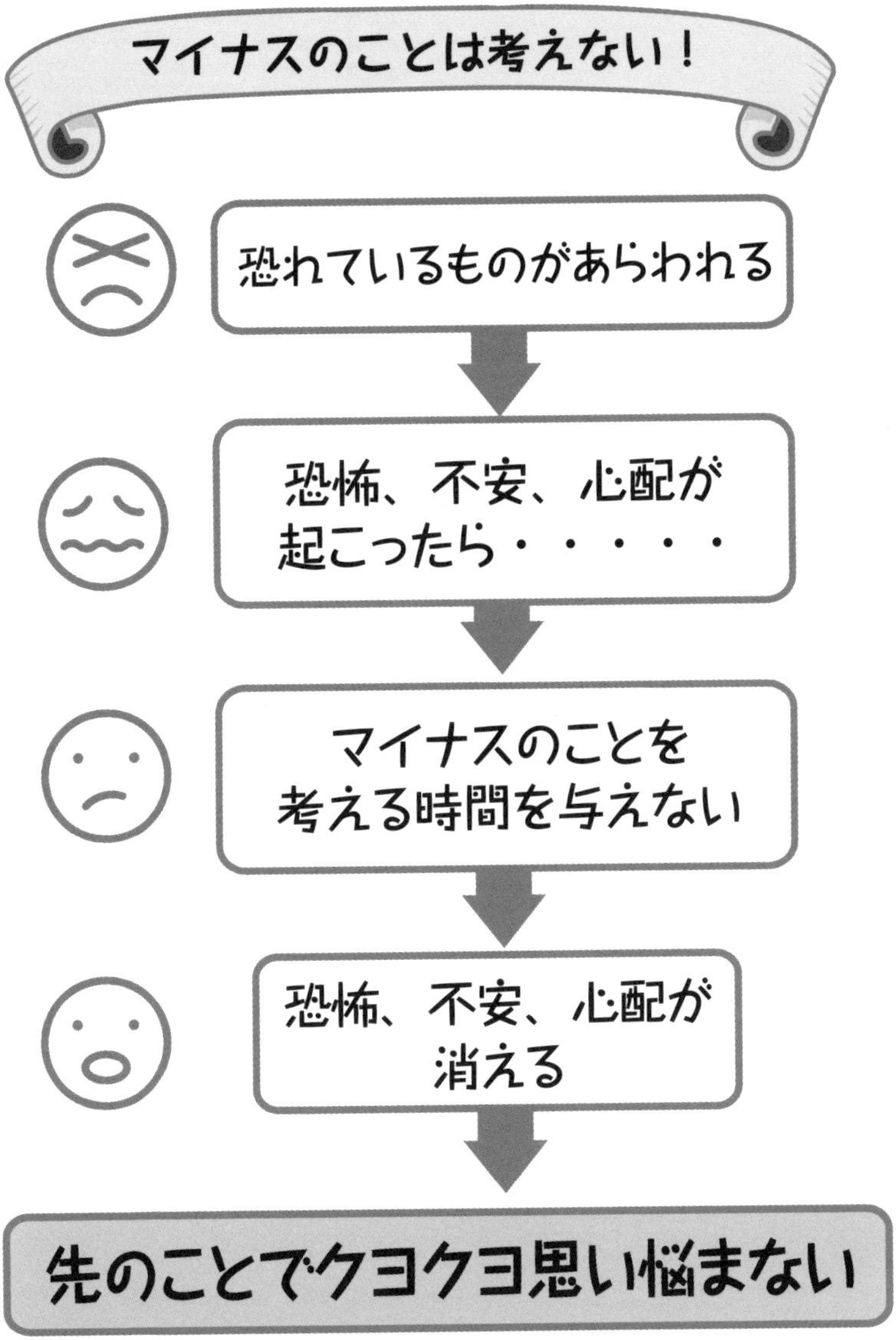
マイナスのことは考えない！
恐れているものがあらわれる
恐怖、不安、心配が
起こったら・・・・・
マイナスのことを
考える時間を与えない
恐怖、不安、心配が
消える
先のことでクヨクヨ思い悩まない

人生を
変える方法
9

いい人間関係が、
人生を変える

好意や和解と調和といった
プラスの感情を抱く

「潜在意識を清めたいなら、対人関係を清めることが大切になってきます。対人関係がギクシャクしていると、潜在意識の中まで汚染されてしまうので注意が必要です」

マーフィー博士

★人間関係は鏡のようなもの

ある化粧品会社に勤める優秀な営業マンが、あるとき、マーフィー博士にこんな相談を持ちかけました。

「売上成績が良いにもかかわらず、上司はいつまでたっても責任のある役職に就かせてくれないのです。たぶん、私のことを嫌っているのだと思います。だから、会社をやめようかと考えています」この話を聞いたマーフィー博士はその営業マンに次のようにアドバイスしました。

「今のあなたに大切なのは、会社を辞めることではなく、その上司に対して感謝の念を抱くことです。

あなたが優秀な営業マンでいられるのは、ひょっとしたら、その上司があなたの知らないところで、力を貸してくれているおかげかもしれません。そういったことを、もう一度、見つめなおしてみてはいかがでしょう」

マーフィー博士からこういわれた営業マンは、「なるほど。そうかもしれない」と思えてきました。

その上司は、以前から彼が担当を受け持つ地域の根回しに努めていたからです。

そして営業マンは大いに反省しました。

そこで、彼はいつもお客さんに笑顔で接するように心がけ、暇さえあれば、大口の契約をとることで上司から祝福されているシーンをイメージしました。

すると三カ月後、その上司が彼にこう言ってきたのです。

「来年、わが社の支店ができるのはキミも知っているよね。そこの支店長職には今までの実績からいけば、キミが適任だと思う。いろいろ考えたのだが、適任者はキミしかいないからね」

どうしてこのように上司の態度が一変したのでしょう。

このことについて、マーフィー博士は次の法則が関係していると指摘しています。

「**人間関係は鏡のようなものです。**相手のあなたに対する態度は、あなたの相手に対する態度そのものなのです」

つまり、鏡に向かって微笑めば、鏡に映る自分が微笑み返すのと同様、あなた自身が相手に対する心的態度を改善すれば、相手もあなたに対して態度を変えるようになるというのです。

人間一人一人の心は**人間共通の潜在意識を通してつながっている**ため、相手に対する感情は良くも悪くも、ブーメランのように跳ね返ってくる仕組みになっているのです。

ですから、人間関係で悩んでいる人は足元から見つめなおし、誰かに対してマイナスの感情を強く抱いていないかチェックしてみるといいかもしれません。

もしも、特定の人の顔が思い浮かんできたら、心の態度を改め、その人に好意や和解と調和の念を送るように心がけるのです。

そうすれば、相手も態度を変えるようになるはずです。

人生を変える方法
10

マイナスの感情を抱かないことを習慣にする

心のウイルスをやっつける習慣

「あなたは船を航行させている船長のようなものです。船長は正しい命令を与えなければなりません。それと同様に、あなたも潜在意識に対して正しい命令を与えなければなりません。そうすれば、あなたの人生は自分でも驚いてしまうぐらい一変します」

マーフィー博士

★いつでも心はクリーンな状態にしておく

潜在意識にプラスの想念をインプットするためには、その前段階の作業として、潜在意識をできるだけクリーンな状態にしておく必要があります。

そのためにはマイナスの感情を抱かないことです。根気よく続けていけば、だんだんと習慣化され、マイナスの感情を抱く頻度が自然と減るようになります。

「習慣はどんなものであれ、いったん身につくと意志では容易に変えられません。なぜなら、そこには潜在意識がかかわっているからです」とマーフィー博士がいうように、習慣は潜在意識の支配下で行われるようになるからです。

この原理を自動車の運転にたとえて考えてみるとわかりやすいかもしれません。

免許をお持ちの方なら経験ずみのことと思いますが、教習所に通い始めたころは、ちょっと車を運転するだけでも、一苦労するものです。

「あ、いけない。右に曲がるときは、右にウィンカーを出さなければ……」「車を止めておくときは、きちんとサイド・ブレーキをひかないと……」といったぐあいに、操作手順をいちいち頭で考えながら運転します。

しかし、教習所を卒業し、何年か経てば、そんなことなどいちいち頭で考えなくても、無意識に操作が行えるようになります。

右に曲がるときは、自然にウィンカーに手がいく。

車を止めておくときは、自然にサイド・ブレーキに手がいく。

潜在意識のクリーニング方法もこれと同じことがいえます。

最初のうちはいちいち意識しながら行わなくてはなりませんが、慣れてくれば、意識しなくたって、マイナスの感情がコントロールできるようになるのです。

潜在意識のほうが「こういう考えを抱くのはよくない」と判断を下してくれるようになるのです。

そのためにも、最初のうちは、マイナスの感情に陥りやすい状況をチェックしておき、**意識的に思考回路のスイッチ・チェンジ**を行うことです。

「いつ、どういうとき、どういったことで、マイナスのことを考えたか?」を思い出し、同じ過ちを繰り返さないようにすることです。

もちろん、人間である以上、パーフェクトには行えないかもしれません。

ツイていないとき、落ち込んだとき、仕事でミスをしたときは、どうしたってマイナスの感情がプラスの感情よりも上回ってしまいます。

しかし、「**いつ、いかなるときも、潜在意識をクリーンな状態に保ってみせる**」と思い

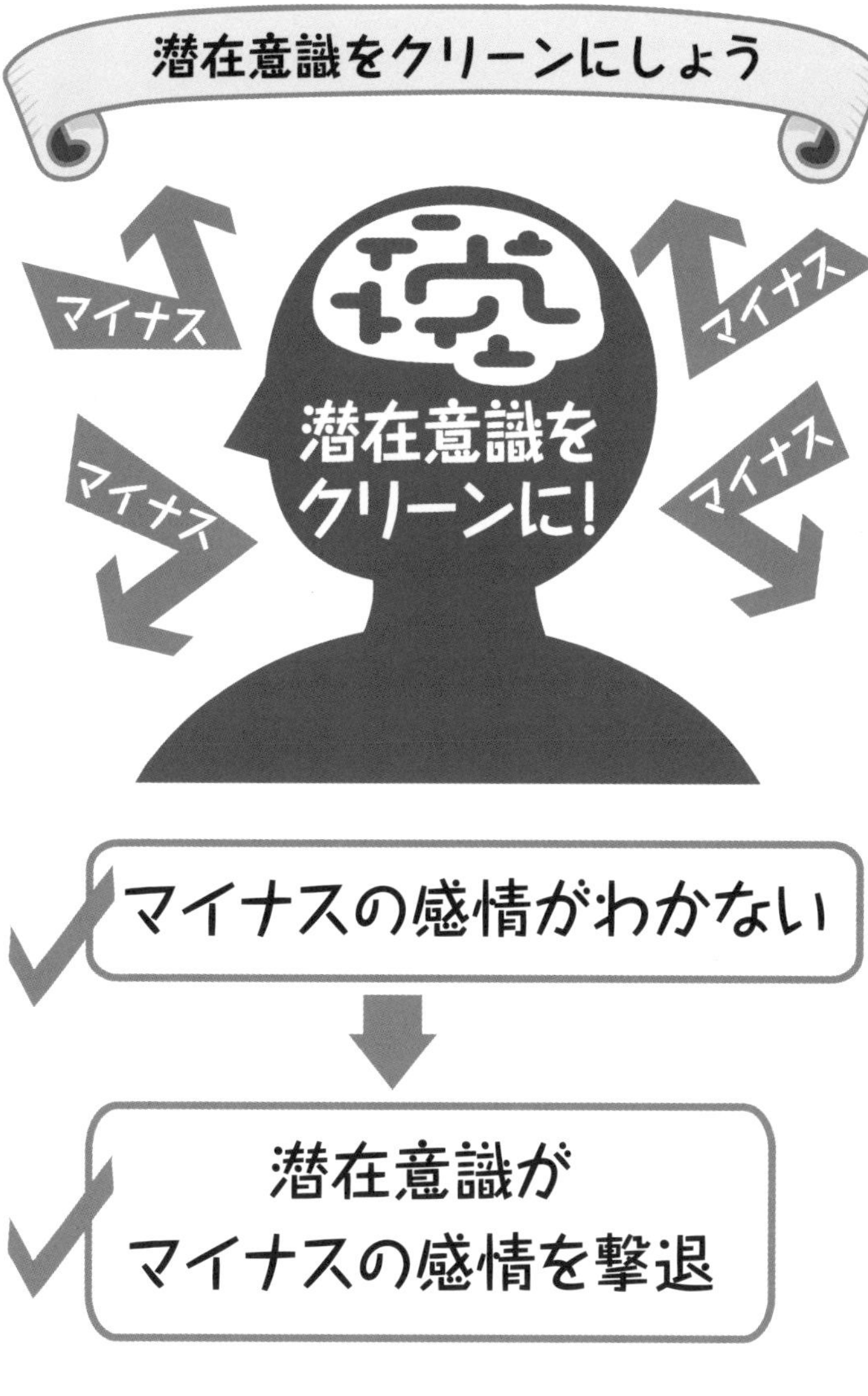
潜在意識をクリーンにしょう
マイナス
マイナス
マイナス
マイナス
潜在意識を
クリーンに！
マイナスの感情がわかない
潜在意識が
マイナスの感情を撃退

続けることが大切で、その姿勢さえ貫けば、いつか潜在意識のほうがマイナスの想念を撃退してくれるようになるのです。

あたかも白血球があなたの身体に侵入したウイルスをやっつけるかのような働きをしてくれるようになるのです。

PART 2

これが、あなたが
夢をかなえる
最重要習慣！

「こうしたい、こうなりたいという夢を想念の種子として、あなたの潜在意識にまきなさい。

それを培い、毎日、手入れしなさい。

そうすれば、それはやがて根を広げ、あらゆる方向から養分を吸収するようになります」


……………………………………… マーフィー博士

人生を
変える方法
11

毎日の行動に変化をつける

「できない」という思い込みから自由になる

「あなたの意識は与えられた暗示を拒絶する力を持っています。暗示はあなたの心がそれを受け入れない限り、それ自体は何の力もないのです。それだったら、人間の持つマイナスの意見や迷信などを、今日からきっぱりと拒絶しなさい。代わりに、飛躍・発展・成功・繁栄といった未来の可能性を受け入れなさい」

マーフィー博士

●固定概念は簡単に取り除ける！

人は本来、素晴らしい能力をもち、その気になれば大いなる飛躍・発展が可能なのに、「現実は厳しいからうまくいかないかもしれない」と勝手に思い込んでしまうことが多いのです。

何も始めないうちに、できないという固定概念を抱いてしまっているのです。

きっと生まれてから今日にいたるまで、周囲の人、たとえば両親や学校の先生から、「そんなこと無理に決まっています」「そういうことをやっても、どうせ失敗するに決まっています」と言われ続けているうちに、自分でも「その通りかもしれない」と思い込むようになってしまったのでしょう。

しかし、それだと、視野の狭いモノの見方になるため、せっかくの可能性を台無しにしてしまいます。

これはもう、愚かとしかいいようがありません。

それでも、マーフィー博士はこういいます。

「他人のあやまった意見によって毒されたあなたの概念は、あなた自身の力によって崩壊させることができます。なぜなら、あなたこそが自分の魂（潜在意識）の支配者であるからです」

つまり、考え方や行動次第で、私たちはいくらでも、先入観や固定概念を取り除くことができるというのです。

「その気になればどんなことでもできる」「人生は無限に発展していく」と思えるようになるというのです。

そのためには、どういったことを心がけたらいいのでしょう。

マーフィー博士は次のことが大事だと言っています。

「固定概念を打破しやすい状態にするためには、毎日の行動の習慣に変化をつけること」

どういうことかというと、あなたが毎朝、靴下をはくとき、右足からはくのであれば、意識的に左足からはくようにしたりしてもらいたいのです。

ほかにも、コーヒーカップを持つ手を変えてみたり、入浴時に体を洗う順番などを逆さにしてみるなど、いろいろな方法が考えられます。

では、それがどうして、固定概念の打破に関係するのかというと、習慣的動作を反転させつづけることで、肉体がそれに順応し、さらにそれが潜在意識をも刺激し、最終的にマインド全体が柔軟になっていくからなのです。

一週間に数回でかまいませんので、行動パターンを意識的に変えてみてはいかがでしょ

う。

普段と違う行動をとるようにすればいいのです。

そうすれば、思いがけない人と出会えたり、目新しい情報が入手できます。

すると、感性が刺激されるため、探究心や好奇心も高まり、「なるほど、こういう考え方もあるんだな」「自分もやってみようかな」という気にもなれます。

そういった感情が固定概念の打破につながっていくのです。

たとえばこんなことをやってみましょう！

□たまには、通勤ルートを変えてみる。
□今までやったことのないスポーツにトライしてみる。
□普段、読まない雑誌に目を通す。
□毎日、自炊している人は、たまには外食してみる。
□ご無沙汰している友人に連絡してみる。
□毎日、自宅でお風呂に入る人は、たまには近所の銭湯に出かけてみる。

このように普段と違う行動をとるようにすればいいのです。

毎日の行動パターンを変えてみよう

くつした、いつも右からだけど今日は左からはくね
ふだん読まない雑誌を読んでみる
毎日の行動、ちょっと変えてみようっと
ご無沙汰している友達にTEL

人生を
変える方法
12

決意したことはまわりの人に話す

心のレベルをあげる効果的な方法

「潜在意識を利用して自分の思い通りの人生を歩みたければ、まず顕在意識の段階で自分自身をコントロールできる人間になることです」

マーフィー博士

★三日坊主にならない方法

「ふだんはタバコを吸わないようにしたけど、人に勧められてつい吸ってしまった」

「ふだんは飲まないように心がけていたけど、おもしろくないことがあると、ついお酒を飲んでしまう」

「最初のうちは、予定通りにお金を貯めていたけど、あるとき、欲しいモノがあって衝動買いしてしまったため、結局、予定金額には達しなかった」

という経験がある人もいると思います。

もし、そうだとしたら、**これからは一度決意したことは、必ず守るようにしましょう。**

「こうしてみせる」と決意したことをとことん守るように心がければ、自分に対する甘えが消え、責任能力が高まるため、行動力がアップし、それに伴い潜在意識のレベルも向上するようになるからです。

そのための効果的な方法として、不言実行ではなく、あえて有言実行を心がけるといいと思います。

たとえば、「タバコをやめる」「お酒を断つ」と決意したら、それを周囲の人に宣言してしまうのです。

そうすれば、あと戻りはできなくなります。

すると日常生活の中でどういう点に気をつけたらいいかという知恵もわいてくるようになります。

すべて「タバコをやめる」「お酒を断つ」という方向に意識が働くため、その思いが想念となって潜在意識に伝わるため、本当にタバコやお酒がやめられるようになるのです。

「意志を強くしたい」、「こうだと決めたことは最後までやり抜きたい」と考えているなら、**身近にいる人に宣言してみる**といいかもしれません。

そうすれば、宣言したことに意識が行くため、いやがおうにも本気になります。

先ほども述べたように、自分に対する甘えが消えて、責任能力が高まるため、行動力がアップし、それに伴い潜在意識のレベルも向上するようになるのです。

ただ、大ボラを吹いたり、できそうにもないことや無理だと思えることは、周囲の人に公言するのはひかえましょう。

もしできなければ「口先だけじゃないか」ということになるからです。

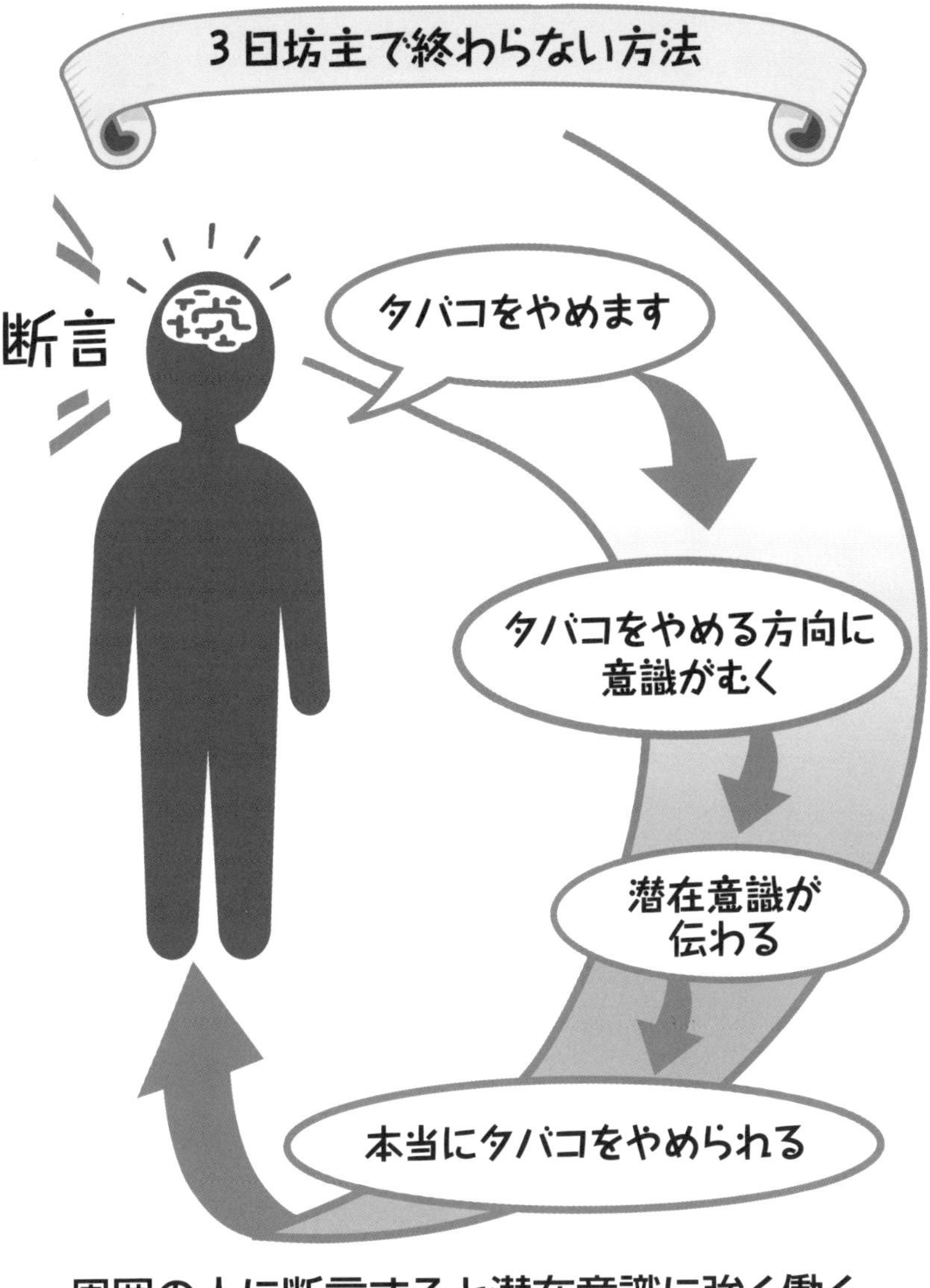
3日坊主で終わらない方法
断言
タバコをやめます
タバコをやめる方向に
意識がむく
潜在意識が
伝わる
本当にタバコをやめられる

周囲の人に断言すると潜在意識に強く働く

人生を
変える方法
13

本気で望む夢を持つ

夢は科学的でなくてはならない

「どんな夢を描こうと、それは個人の自由ですが、夢は科学的でなければなりません。科学的な夢とは、意識する心（顕在意識）と潜在意識の調和的相互関係で成り立ったものをいいます」

…………マーフィー博士

★夢をかなえる具体的な秘訣

さて、ここからは、いよいよ願望をかなえていくための秘訣について述べていきます。

「こうなりたい」「ああしたい」と願っても、一方で「かないそうにもないなあ」「どうせ無理に決まっている」という気持ちがあるとその夢はストレートに潜在意識に刻印されていきません。

したがって、**本気になれる夢、その人が本心で望んでいる夢を打ち立てる**必要があります。

そうしてこそ、潜在意識もそれを本気になって受け止めてくれるようになるのです。

たとえば「宇宙旅行をしたい」、「王様になりたい」といった遠大な夢を持つのは心をポジティブにするので良いのですが、夢をかなえたいと思うのなら、**可能性のある方がいいのです**。実現性が高いほうが潜在意識が本気になるからです。

たとえば、「税理士の資格を取得して、独立・開業する」「オーストラリアへバカンスに行く」といったぐあいに、

「これだったら、なんとかなりそうだ」「実現の可能性がある」というものを掲げるようにするのです。

そうすればマーフィー博士の言葉にもあるように、潜在意識が本気になって受け止めてくれます。

夢が中々見つからないという人は、今はできないけど、いつかしてみたいなあと思うことを考えるといいでしょう。

今は手元にないけれど、いつか入手できたらいいなあと思うこと。

今は無理でも、いつかこうなったらいいなあと思うこと。

そういったことに意識を向けるようにするのです。

そうすれば、夢がどんどん思い浮かんでくるのではないでしょうか。

マーフィー博士もこういっています。

「馬車よりも速く走る乗り物があると便利だという欲求が車を生み出したように、夢とは、人間が抱く自然の欲求のことをいいます。

あなたも自然の欲求に素直に従いなさい。そうすれば、それは必ず実現の日の目を見ます」

夢をかなえたいなら、自然の欲求に従う。

まずはこれです。

人生を
変える方法
14

本当に必要なものを欲しがる

幸福にはなれない夢は
求めない

「それを手にすることで、あなたが健全な精神のもと、健康・幸福・平和な気分になれるのであれば、あなたは欲するモノを堂々と要求する権利があります」

――マーフィー博士

★それは本当にあなたがかなえたい夢ですか

「周囲のみんながシャネルの香水をつけているから、私もシャネルの香水が欲しい」

「みんなが勧めるし、マスコミでも宣伝しているから、最新のスマートフォンが欲しい」

もし、あなたがこういう理由でモノを欲していたとしたら、夢をかなえても本当の幸福感に満たされることはあまりありません。

なぜでしょうか？　「みんなが勧めるし、マスコミでも宣伝しているから、何々が欲しい」というのは、そこに本心が反映されていないからです。

考えてもみてください。

ふだん、香水なんか満足につけない人が高価な香水を買ってもつけないことも考えられます。

ましてや、その人が香水アレルギーだとしたら、百害あって一利なしで、死に金もいいところです。

ですから、「みんなが勧めるし、マスコミでも宣伝しているから買おうかな」と思ったら、「それを手にすることによって、自分にいったいどれだけのメリットがあるか？」を検討し、「メリットは少ない」という結論に行き着いたら、できるだけ**それを求めない**ようにすることです。

また、「周りの人に自慢できるし、ステイタス気分が味わえるから、何々が欲しい」という理由でモノを欲していたとしたら、メリットもありますが、デメリットのほうが多いと考えたほうがいいでしょう。

相手よりも良いモノが欲しくなるという堂々巡り、悪循環を繰り返すことになるわけです。

では、正当な物欲を満たすためには、どういったことを肝に銘じたらいいのでしょう。

生活が豊かに便利に楽しくなるモノ、心身が健康で快適になるモノ、余暇や趣味が充実するモノ、仕事や勉強に役立つモノなら、あなたの物欲は正当なので、それを堂々と欲してもかまわないのです。

ですから、この先、「パソコンが欲しい」「ビデオカメラが欲しい」「スキー道具が欲しい」「ギターが欲しい」と思ったら、まず自分自身にこう問いかけるようにしましょう。

「それがあると、私は本当に楽しくなるだろうか?」と?

本当にそれは必要なのか？

私は

が欲しい

↓

それがあることによってどれだけメリットがあるのか

メリット多い

★生活が豊かになる
★心身が健康になる
★快適になる
★休みが充実する
★役立つ

↓

求める

人に自慢できる

↓

悪循環

↓

求めない

メリット少ない

↓

求めない

人生を
変える方法
15

夢に優先順位をつける

重要な夢から三つに振り分ける

「こうしたい、こうなりたいという夢を想念の種子として、あなたの潜在意識にまきなさい。それを培い、毎日、手入れしなさい。そうすれば、それはやがて根を広げ、あらゆる方向から養分を吸収するようになります」

マーフィー博士

★どの夢が大事？

これまで述べてきたことをふまえて、夢を掲げたら、今度は「**どの夢から優先的にかなえていくか**」を吟味しなくてはなりません。

「あれもかなえたい」「これもかなえたい」「ついでにこれもかなえたい」では、潜在意識もどこから手をつけていいかわからなくなってしまいます。

実際、「夢がかなわない」となげく人の多くは、この点をなおざりにしています。

つい最近も、知人から、「ボクは行政書士の資格をとって独立もしたいし、ゴルフもシングルの腕前になりたいし、ワンランク上の高級マンションにも住みたいし、グアムに行ってマリンスポーツもやりたいので、毎日、想念を行っているのですが、いっこうに効果がありません」という相談を受けたことがありましたが、私には彼の夢がかなわない理由がピーンときました。

結論からいってしまうと、「あれもかなえたい。これもかなえたい」という思いばかりが先行し、夢の整理を怠ったため、想念が中途半端になってしまったのです。

これでは、マーフィー博士がいうように、潜在意識だって混乱をきたすだけです。

ただ、誤解がないようにいっておくと、複数の夢を掲げること自体が悪いといっているのではありません。

むしろ、一つの夢だけだと、それを放棄したとき、人生に生きがいが見出せなくなってしまいますが、複数の夢があれば、それが希望の灯火となってくれるという利点があるのです。

では、この問題を解決するためにはどうすればいいかというと、マーフィー博士の次の言葉を参考にしてもらいたいのです。

「潜在意識をいつも正しく働かせておくためには、願っていることを短期・中期・長期の三段階に分けることから始めましょう」

努力をすれば、比較的短期間で達成できる**短期夢**、やや時間を要するものの努力を怠らなければ達成可能な**中期夢**、かなりの時間を要するものの生きがいや自己実現につながる長期夢の三つに振り分けなさいと指摘しているのです。

短期夢は結果が出るのが早いため、その実現に向かって努力していこうという気持ちも高まりますが、中期夢や長期夢は時間がかかるため、後は情熱と信念が強まらないと、潜在意識にインプットする想念の力も弱まってしまうのです。

そこで、夢を次のように三つに割り振ってみることをお勧めします。

【短期夢】

▼三カ月以内に、日常英会話をマスターする。

▼今年中に簿記二級の資格をとる。

▼来年の春までに、スペインへ旅行に行く。

【中期夢】

▼二年以内に公認会計士の資格を取得する。

▼三年以内にマイホームを購入する。

【長期夢】

▼五年以内に、独立して、公認会計事務所をかまえる。

▼十年後には、長期休暇をとって、アメリカ大陸を横断する。

このように、夢を整理していけば、「日常英会話をマスターすること」と「今年中に簿記二級の資格をとること」などが、当面の優先課題であることがはっきりすると思います。

夢の動機づけをはっきりさせたら、その整理を行い、夢を短期・中期・長期の三つに割り振ってみましょう。

そうすれば、「自分は今、何をしなくてはならないか」「自分にとって、今、一番何が重要か」といったことが明確になるため、無意味なことにエネルギーを費やさないですむはずです。

夢を３つに仕分けてみる

具体的に短・中・長期の時間で

これが私の夢です

短期の夢　**3か月以内**にかなえたいのは

……………………………………………………

……………………………………………………

……………………………………………………

中期の夢　**2、3年以内**にかなえたいのは

……………………………………………………

……………………………………………………

……………………………………………………

長期の夢　**3年から10年以内**にかなえたいのは

……………………………………………………

……………………………………………………

……………………………………………………

人生を変える方法 16

マイナスの言葉に耳を傾けない

情熱や、やる気の維持方法

「他人が口にするマイナスの言葉はあなたが考えている以上のマイナスのパワーを秘めています。ですから、いかなることであれ、絶対にそれに同調してはなりません。同調したら最後、今まで育んできた熱意が一瞬にして消えてしまいます。他人が発するマイナスの言葉の力はそれくらい大きいのです」

……マーフィー博士

★言葉には暗示作用がある

ある大学の心理学者が、学生たちを使って大変興味深い実験を行ったことがありました。

その実験とは、健康体そのもので、どこも悪くない一人の男子学生に対し、複数の学生たちが「最近、ちょっとやせたみたいだね」「顔色が悪いね」という言葉を投げかけたら、その男子学生がどういう反応を示すかというものです。

結果は想像を絶するものがありました。

「最近、ちょっとやせたみたいだね」「顔色が悪いね」と言われつづけているうちに、一週間目にして本当に体重が減少し、顔色まで悪くなっていったからです。

それればかりではありません。

一ヵ月後の検査では、血圧も上昇し、不整脈まで現れるようになったのです。

このことについて、その心理学者は「人の言葉には暗示作用があり、悪い暗示を受けると体内にマイナスのホルモンが分泌され、それが血圧や心肺機能にも悪影響を与える」という見解を示しています。

これほど**他人のマイナスの言葉は影響力が強い**のです。

夢の実現に向けて、「さあ、やるぞ」「頑張るぞ」と情熱を高めても、他人のマイナスの意見にいちいち耳を傾けていると、自信がなくなり、ひいては情熱まで消えてしまうのです。

したがって、そういう人は夢達成のチャンスが訪れても、達成しないことになるというのです。

「ボクは必ず弁護士になってみせる」

「いつか、必ず一流の建築家になってみせる」

「私の夢は豪華客船で世界一周することだ」

このように夢を掲げ、情熱を抱いても、他人の言うことにいちいち振り回されていると「そうか。やっぱり、難しいのかな」「ボクには無理なのかな」という疑心暗鬼の気持ちが芽生え、それが情熱を打ち消してしまうことになります。

従って必要以上に他人のマイナス意見に耳を傾けないことが大切です。

むしろ、**「他人が何と言おうが、私は必ず実行する」**と心の中で強く叫んだほうが得策です。

そうすれば、情熱が維持できるだけでなく、**「何が何でもやり遂げる」「必ず、そうなる」**という信念も強まるようになるのです。

夢をかなえる人の特徴
なにがなんでも
必ずやってみせる
絶対！
やめておけよ
本気かよ
できないよ
ダメだよ
ムリだよ
本気かよ
強い気持ちがマイナス意見を
ぜんぶはねかえす！

人生を
変える方法
17

効果的な自信のつくり方

「自分はできる」を積み重ねていく

「どんなに小さなことでもかまいません。取るに足らないことであってもかまいません。毎日の生活の中から、課題を見つけ、それをクリアすることを考えなさい」

――マーフィー博士

★小さな夢を積み重ねる

夢は達成可能なものがいいです。

なぜ達成可能な夢なのかというと、ちょっと頑張れば比較的容易に成功体験を味わうことができるため、「私だってやればできる」という自信を強めることができるからです。人は誰でも自分を支配する「考え方の型」というものを持っています。信念の土台といってもいいでしょう。

マーフィー博士はこれを**「マスター・イメージ」**と呼んでいるわけですが、それは「自分だってやればできる」「その気になればできる」という自信の強化に比例して確立されていくというのです。

従って次のように、短期間で容易に達成できそうな等身大の願望からチャレンジしていく必要があります。

▼二カ月以内に三キロやせる。

▼一カ月以内に四万円を貯め、そのお金でＤＶＤプレーヤーを買う。

▼半年以内に、海外旅行の資金として十万円を貯める。

こうした達成可能な夢を一つでもクリアすれば、成功体験が味わえるため、自信がつくようになります。

その積み重ねが、マーフィー博士のいう**「マスター・イメージ」**、つまり、信念の土台づくりにつながっていくのです。

ただ、中には、「二カ月で、三キロやせることができなかった」「急の出費を余儀なくされたため、結局、一カ月で四万円を貯めることができなかった」といったように、等身大の夢すら、かなわない人だっているかもしれません。

そういう人は、「どんなに小さなことでもかまいません。取るに足らないことであってもかまいません。**毎日の生活の中から、課題を見つけ、それをクリアすること**を考えなさい」とマーフィー博士がいうように、**日々の行動に目標**を掲げてみてはいかがでしょう。

たとえば、

あなたがお酒がやめられなければ一週間に一度だけでもいいから、休肝日をもうける。

営業で、月に七〜八件しか注文がとれなかったら、九件とれるように頑張る。

強い信念は、こうつくる

どんな小さなことでも
かまいません。
毎日の生活の中から、
課題をみつけて。
それをクリアしましょう。

朝、ギリギリまで寝ている人は、いつもより三〇分だけ早く起きるように心がける。

そういったことを目標として掲げてみるのです。

その一つ一つは小さなことだったり、取るに足らないようなことかもしれません。

しかし、何か一つでもクリアすることができれば、「私だって、その気になればできる」「本気になれば、やれるんだ」という達成感を味わうことができます。

この達成感が自信を培ってくれ、ひいては信念の土台を強めるための大きな栄養分となってくれるのです。

小さな目標を達成すれば、自信になる
3キロやせる
達成
4万円ためる
達成
10万円ためる
達成
小さな目標をひとつひとつクリア
大きな自信

人生を
変える方法
18

実現する夢の体験方法

夢に関連する場所に出かける

「次のことをよく記憶しておく必要があります。それは、信念を持ち続けている限り、あなたの思いは実現してくるということです。昇進、富、発展、達成などを考えることは、あなたが後になって打ち消さない限り、考えた内容に応じて実現するようになるのです」

……………………マーフィー博士

★夢の体験をつくる

私たちは物事が思い通りに進まないと、ついめげてしまい、その結果、夢達成に向けての信念が弱まってしまうことがあります。

「もう、一級建築士の資格なんか取れなくたっていいや」「脱サラするのを考え直そうかな」という気持ちがこれに当てはまります。

しかし、この感情をそのまま放置しておくと、今度は挫折感や失望感が重くのしかかり、最悪の場合、夢を放棄しかねなくなります。

そこで、その対処法として、**心を刺激させることで、モチベーションを高めておくこと**をお勧めします。

では、夢に対する思いはどうすれば再燃させることができるのでしょう。「やっぱり、私はこの夢をかなえたい。よーし、頑張るぞ」という気持ちになれる体験を自ら積極的に味わうことが重要になってきます。

そのための一環として、マーフィー博士は夢に関連する場所に出かけてみることを勧めています。

たとえば、都内にマンションが欲しいと考えているとします。

ただ、「マンションが欲しいなあ」と思うだけでは状況は進展しません。こういう場合も実際にマンションのモデル展示場に出かけ、見学することで、マンションの雰囲気を存分に味わってみるのです。

そうすれば、「私もいつかこういうマンションに住みたい」「だから早く頭金を貯めよう」といったように、再びプラスの感情が起こり、それが信念を強めるための原動力となってくれるのです。

また、事業で成功をおさめたいと考えている人は、成功者の書いた本を読んだり、講演を聞きに行くのも手かもしれません。

ためになる本を読んだり、ためになる話を聞くというのは、一種の他者暗示の効果があります。

それがその人の潜在意識にプラスの想念となってインプットされていくだけでなく、「よーし、私も頑張ろう」「この人みたいになろう」という発奮効果も期待できます。

なお、成功者の本を読む場合は、一度読んだら、それっきりにしないで、暇を見ては何度も読み返すようにしましょう。

夢を体験する場所にでかけてみる
憧れのマンション etc
強い概念が！
強い刺激！
強い刺激！
強い刺激！
強い刺激！

人生を
変える方法
19

行動と感情の法則

夢がかなったかのように振る舞う

「こうであったらいいな、こうなればいいな、と思えることがあったら、実際にそうなったかのように行動しましょう。そうすれば、あなたの人生はあなたの思い描いたとおりに展開していくようになります」

マーフィー博士

★社長のように振舞う

信念を強めるための一環として、**夢がかなったかのように振る舞ってみる**のもひとつの方法です。

心理学には「積極的なモーション（行動）は積極的なエモーション（感情）を作り出す」という法則があります。

本当にそうなったかのように振る舞うと、潜在意識もそれに従うようになります。つまり、作家になりたいなら作家のように振る舞い、弁護士になりたいなら弁護士のように振る舞えばいいのです。

次に紹介するＭさんなどはその好例といえるかもしれません。

Ｍさんは今でこそ年商百億円の実業家として活躍していますが、その昔、サラリーマンだったころはいつもその方法を行っていたといいます。

職場の仲間が退社し、一人になった後、彼はこっそりと社長室に忍び込み、社長の椅子に座り、社長になった気分に浸ったことが一度ならずありました。

それればかりではありません。なけなしのお金をはたいて高価な背広を買い、「オレは社長だ」と暗示をかけながら歩いたこともあれば、馴染みのお店で安い定食を食べるときも、

「いつも高級料理ばかり食べているから、たまには質素なモノを食べよう」と独り言のようにつぶやきながら食事をしたそうなのです。

すると、三〇年経った今、Mさんは本当に高価な背広に身をまとい、いつでも好きなときに高級料理が食べられる身分になりました。

また、Fさんという人はスーツの内ポケットにいつも百万円を入れて歩いていたといいます。もっとも、これにはカラクリがあって、札束の両面を本物の一万円札にして、その中にお札と同サイズの紙の束をはさみこんでいたらしいのです。

それにしても、どうして、そんなことをするのでしょう。

Fさんにいわせると、「懐に百万円ある」という意識が信念を強めてくれるということです。

「私はいつも百万円を持っている」という気持ちが潜在意識を活性化させてくれるので、本当にお金持ちになった気分が味わえたそうなのです。

そして、Fさんは実際に商売で大成功をおさめたというのだから驚きです。

ですから、結果なんかすぐに出せなくたっていいので、**とにかく、願望通りにそうなったかのように振る舞ってみるのです。**

すでに、夢がかなったかのように行動してはいかがでしょう。

夢がかなったようにふるまう

そうなったかのように
行動しましょう。
そうすればあなたの人生は
あなたの思いどおりに
展開します。

人生を
変える方法
20

ポジティブに考える

人生をいい方向に好転させる方法

「お財布の中に三万円のお金が入っていたとき、『もう三万円しかない』と思うのと、『まだ三万円もある』と思うのでは、その後の展開がガラリと違ってきます。言うまでもなく、幸運を手にするのは後者の人です」

――マーフィー博士

★何事もポジティブに考える

「人生をいい方向に好転させる」

「必ず、こうなってみせる」

「いつか、必ず、やり遂げてみせる」

こう決意しても、人生は百パーセント順風満帆にいくとは限りません。

物事が思い通りに進まなかったり、トラブルやアクシデントに遭遇することだってあるでしょう。

そういうとき、人はどうしても心が沈みがちになります。

しかし、それを野放しにしておくと、マイナスの感情がどんどん拡大していき、せっかく強まりつつある信念までもが崩れてしまうことになります。

そこで、マイナスの感情に押し流されそうになったときは、マーフィー博士の次の言葉を肝に銘じて、何事もプラスに解釈するように心がけてはいかがでしょう。

「悲観的な考えが頭をもたげてきたら、**意識して肯定的な感情と取り替えなさい。**

今のあなたが不本意な状態にあるとしたら、**今すぐあなたの思考方法を変えなさい。**

「そうすれば、すべてが良い方向に変わっていきます」

要は、イヤな出来事に遭遇しても、それをプラスに解釈していく陽転思考を試みてもらいたいのです。

★枠組みを変えて、ストレス解消！

ちなみに、心理学ではこれを**「リフレーミング」**と呼んでおり、意見や見方といった枠組み（フレーム）を変えていくことによって、ストレスを解消したり、行動パターンを好ましい方向に導いていくための療法として注目を浴びています。

そして、そのリフレーミングを一歩進めたものが、私の編み出した「楽天の発想」なのです。

「楽天の発想」とは、そのものずばり、自分の身にふりかかってくる現象や自分の身のまわりに起こる現象を、すべて「善」ととらえる発想の転換法のことをいいます。

つまり、いかなるマイナスの現象であっても、**「これは、自分にとって都合のいいことなのだ」「こうなったおかげで新しい展開が見えてくる」「そのおかげで新しいチャンスが**

つかめる」と考えるようにするのです。

参考までに、その具体例をいくつか示しておきましょう。

▼親しい人とケンカをしてしまった
—↑**より深い信頼関係を築く良い機会だ。**

▼取引が破談になってしまった
—↑**新規顧客を開拓する良い機会だ。**

▼国家試験に落ちてしまった
—↑**おかげで、もう一年、しっかり勉強できる。**

▼リストラに遭い、会社をクビになってしまった
—↑**転職を図る絶好の機会かもしれない。**
—↑**独立するチャンスなのかもしれない。**

▼風邪をひいたため、楽しみにしていた温泉旅行に行けなくなってしまった
—↑**おかげで、そのお金をほかのことにまわせる。**
—↑**おかげで、自宅でゆっくり休養がとれる。**

このように、物事をすべて良い方へ解釈していけば、心がマイナスにはなりません。

そして新しい可能性やチャンスが感じ取れるようになります。

それを生かしていけば、夢達成の近道が見つかり、すべてが良い方向へと動き出すのです。


すべてのマイナスの事柄はすべてプラスに解釈しましょう。


トラブルやアクシデントに遭遇しても、そこからチャンスの芽をつみだしましょう。

そうすれば、いつか「あの時の体験には大きな意味があった」と思えてくるはずです。

否定的な感情は肯定的な感情に入れかえる
マイナス
否定的な感情
取り替える
肯定的な感情
プラス
ネガティブ
新しい可能性
チャンス
発見
夢の近道
夢の近道
目の前に夢の道が

人生を
変える方法
21

繰り返し、考える

潜在意識への夢の引き渡し方

「潜在意識に夢を引き渡すためには、想念の繰り返しが重要になってきます。それは、あくまでくつろいだ気分のもとで、時には気長に、楽しく、そして必ず良い回答が得られるという確信のもとでおやりなさい」

……マーフィー博士

★想念は、繰り返すこと

マーフィー博士の本をめくると、「夢を念じたら、すぐにかなった」というような実例が数多く記載されています。

そのせいか、私も読者からよく次のような質問を受けることがあります。

「潜在意識を活用したマーフィー流夢達成術を試みれば、すぐに望みがかなうと思っていたが、ちっとも効果がない」「マーフィーの本を読んで、そこに書かれてある想念法を実践したけど、いっこうに状況が好転しない。どうしてか？」

すぐに、夢がかなうと思っていたのに、想念法を実践してもちっとも効果がない……。状況がいっこうに好転しない……。

では、マーフィー博士の成功法則は効果がないのでしょうか？

結論からいいましょう。

マーフィー博士の成功法則は効果があります。

マーフィー博士の著書の中に、夢を念じたらすぐにかなったという人が数多く登場するのは事実ですが、それは紙面の関係上、夢がかなうまでの詳しいいきさつや経緯を省いているだけで、本当はマーフィー博士も次の点を重視しているのです。

「**潜在意識に夢を引き渡すためには、想念の繰り返しが重要になってきます。**

それは、あくまでくつろいだ気分のもとで、時には気長に、楽しく、そして必ず良い回答が得られるという確信のもとでおやりなさい」

要するに、早急に結果を求めようとしないで、**毎日、ポジティブな気持ちで、コツコツと想念を潜在意識にインプットしていくこと**が重要になってくると指摘しているのです。

自転車に乗り始めたころのことを思い出してください。

初めのうちは、補助輪がないと思うように乗れず、「あ、また倒れそうになっちゃった」「クネクネしてまっすぐにこげないなあ」といったぐあいに悪戦苦闘したはずです。

しかし、練習を重ねていくにつれ、次第に上達していったのではないでしょうか。

つまり、想念も自転車の運転の練習と同じように、**反復を肝に銘じればいいのです。**

そのかわり、**いったん潜在意識があなたの夢を受け入れると、驚異的な力をもって作動を開始してくれるようになります。**

すなわち、夢を達成するために必要なあらゆるものを引き寄せてくれるようになるのです。たとえば、脱サラ・独立を願っているのであれば、応援してくれる人が現れたり、必要な情報やノウハウが入手できたり、資金までもが提供され、大いなるチャンスをつかむことができるようになるのです。

想念は繰り返すこと！

よいこと
よいこと
よいこと
よいこと
夢
よいことを
毎日コツコツ
潜在意識に送りこむ
反復
営業成績
アップ！
ある日驚異的な力で作動

人生を変える方法
22

単語を呪文のように唱える

夢を心に送りこむ具体的な方法

「あなたが口にする単語は、あなたの夢を凝縮しています。
つまり、そういう単語を口ぐせのように唱えていると、単語の本質や性質に応じた状態や環境が、あなたの生活の中に現れてくるのです」

……マーフィー博士

★単語で暗示する

潜在意識に夢を引き渡すためには、まず、**夢を子守唄のように唱え、暗示として潜在意識に送り込むこと**が重要になってきます。

その一環として、マーフィー博士が勧めているのが、**単語を呪文のように唱える方法**です。

たとえば、脱サラして行列のできるイタリアン・レストランを開業したいのであれば、「脱サラ。開業」あるいは「繁盛店」という単語を唱えてもかまいません。

オーストラリアへ留学したければ、「オーストラリア」「留学」という単語でもかまいません。

とにかく、その単語を発したとき、瞬時に夢をイメージできるようにしておくのです。

どうして、この方法が有効なのでしょうか？

これについて、マーフィー博士は次のように述べています。

「あなたが口にする単語は、あなたの夢を凝縮しているからです。つまり、そういう単語を口ぐせのように唱えていると、単語の本質や性質に応じた状態や環境が、あなたの生活の中に現れてくるのです」

要するに、夢を象徴した単語を唱え続けていると、その人の心の中で夢を思う気持ちが拡大し、それが想念となって潜在意識にインプットされるため、潜在意識もその人の夢をかなえようと作動を開始するようになるというのです。

続いて、マーフィー博士が勧めているのが、三〇世紀の前半に活躍したフランスの心理療法家シャルル・ボードワン博士が編み出した**ボードワン法**です。

これは、**夢を簡単な記憶しやすい言葉にまとめ、うつらうつらした状態やリラックスしているときに唱える**というもので、その効用について、マーフィー博士は次のように述べています。

「あくまでくつろいだ状態のときに、夢を暗示のように唱えると、理性が盛んに活動している通常のときよりも、はるかに強い想念を潜在意識に送り込むことが可能になります」

やり方もいたって簡単です。

今、述べたように、うつらうつらしているときやリラックスしてくつろいでいるときに、椅子やソファなどに腰掛け、軽く目を閉じ、ひたいのシワを伸ばし、口元をゆるめます。

そして、息を吸い込んで数秒止めてから、ゆっくりと息を吐いていく動作を繰り返します。

この呼吸のリズムに合わせて吐く時に、**夢を次のように簡潔な言葉で唱えるようにする**

のです。

「セールスが順調に伸びる。セールスが順調に伸びる。セールスが順調に伸びる……」
「お店の売り上げが倍増する。お店の売り上げが倍増する……」
「事業が発展する。事業が発展する。事業が発展する……」

このとき、大切なのは、息を吸うとき、ポジティブなパワーを吸収しているというイメージを抱くこと。

そのイメージに合わせて息を吸い、思いを潜在意識の中に送り込むようにするのです。

夜、寝る前はもちろんのこと、仕事の合間や休憩時間を利用して、このボードワン法を行うだけでも、かなりの想念を潜在意識にインプットすることになります。

これを機会に行ってみることをお勧めします。

次に、今述べた二つの方法と併用して、**歩行呪文法**を取り入れると、効果はさらに高まります。

歩行呪文法とは端的にいってしまうと、歩くリズムに合わせて夢を呪文のように唱える方法のことをいいます。

たとえば、あなたに「脱サラして自分のお店を持ちたい」という夢があったとしたら、「脱サラ。開業」という言葉を、①だつ。②さら。③かい。④ぎょう、と四拍で数え、道を歩くとき、この言葉を足の運びに、①②③④と合わせて、頭の中で唱えるようにするのです。

この方法はいったんリズムに乗ってしまえば、無意識にその言葉を呪文のように唱え続けられるというメリットがあります。

マーフィー博士も「人間は歩いているとき、マイナスの感情がこみあげてくることがあるので、その防止策としても最適です」とその効用を認めています。

唱える言葉は、夢の内容と照らし合わせながら、リズムの良さそうなものを以下のような要領で作成してみるといいと思います。

ただ、慣れるまでは、二〜三個くらいにしぼったほうがいいかもしれません。

月収百万（①げっ。②しゅう。③ひゃく・④まん）

ロンドン留学（①ろん。②どん。③りゅう・④がく）

商売繁盛（①しょう。②ばい。③はん・④じょう）

恋愛成就（①れん。②あい・③じょう・④じゅ）

あなたの夢を ボードワン法で書いてみよう

絵を書いてみましょう

1

文字を入れましょう

①＿＿②＿＿③＿＿④＿＿

絵を書いてみましょう

2

文字を入れましょう

①＿＿②＿＿③＿＿④＿＿

絵を書いてみましょう

3

文字を入れましょう

①＿＿②＿＿③＿＿④＿＿

人生を
変える方法
23

成功のシーンをありありと空想する

「心の映画法」の映写法

「あなたの心の目に視覚化できるものは、すべて潜在意識の領域に存在しています。あなたが自分の心の絵をいつまでも捨てないならば、それはいつか必ず客観的世界（現実世界）に現れてきます」

マーフィー博士

★ありありと思い浮かべる

潜在意識に夢を確実にインプットするために、もう一つの方法があります。

理想とする自分の将来像や夢がかなって喜びにひたっているシーンをありありと空想してみることです。

マーフィー博士はこのテクニックを**「心の映画法」**と呼んでいます。

この**「心の映画法」**の効用の具体例として、マーフィー博士はよく、医者になった少年の話を引き合いに出します。

マーフィー博士がメキシコへ講演旅行に行ったとき、一人の少年と出会いました。

少年の夢は医者になって人の命を救うことでした。

しかし、彼の実家はものすごく貧乏だったので、大学に行く余裕がありません。

そこで、仕方なく、地元にある診療所に手伝いとして勤務しました。少年の夢を知ったマーフィー博士は、少年に**「心の映画法」**を実践するように勧め、医者になったシーンをありありと空想すれば、いつか、その夢は必ずかなうようになることをアドバイスしました。

以来、少年はマーフィー博士のアドバイスにしたがって、毎日、「心の映画法」を行いました。

胸のレントゲン写真を見ながら、「おめでとうございます。快方に向かっています」と、患者に祝福の言葉を投げかけているシーン……。

処方箋を書きながら、患者に「この薬はものすごくよく効くから心配しないでください」とアドバイスしているシーン……。

医師免許状が診察室の壁に貼ってあり、そこには自分の名前が大きな文字で書かれていて、それを自分が眺めているシーン……。

これらを四六時中イメージしたのです。

すると、四カ月後、大変興味深い現象が起こりました。

診療所の医者の一人が少年のことを大変気に入るようになり、医療器具の消毒の仕方や注射のやり方や応急手当の仕方を一通りレクチャーしてから、自分の専用助手として採用したのです。

そして、ついには、医学校の学費まで提供したのです。

そのおかげで、少年は優れた医者になることができ、後年、マーフィー博士に次のような内容の手紙を送りました。

「私は今開業医になることができました。その私が自分の名前が書いてある医師免許状を見るたびに思うことがあります。

それは、少年時代、メキシコの診療所でイメージしたものとまったく同じであるということです」

もう一度いいますが、夢を子守唄のように唱えても、人によっては心が上の空になってしまう場合があります。

これを防ぐには、**意識を夢に集中させ、強く念じていく**必要があります。

しかし、**「心の映画法」を行い、夢を視覚化すれば、それほど強く念じなくても、誰でも簡単に潜在意識に夢をインプットすること**が可能になるのです。

従って、これを生かさない手はありません。

今日から早速、理想とする自分の将来像や夢がかなって喜びにひたっているシーンをイメージしようではありませんか。

★さまざまな成功シーンを！

▼やり手の弁護士になって、交通事故を起こしたクライアントに親切・ていねいにアドバイスしているシーン。

▼売れっ子の作家になって、書店のサイン会で、読者と握手しているシーン。
▼リゾート地に別荘を建て、そこに友人たちを招いて、バーベキュー大会を楽しんでいるシーン。

これらをありありと、そして力強く、楽しみながら空想するのです。

そうすれば、いつか必ず空想が現実となり、あなたは夢がかなった喜びの体験をすることになるのです。

今一度、マーフィー博士の言葉を紹介しましょう。

「この世に、自分がスクリーンに大写しになる光景をイメージしないで俳優になった人は一人もいません」

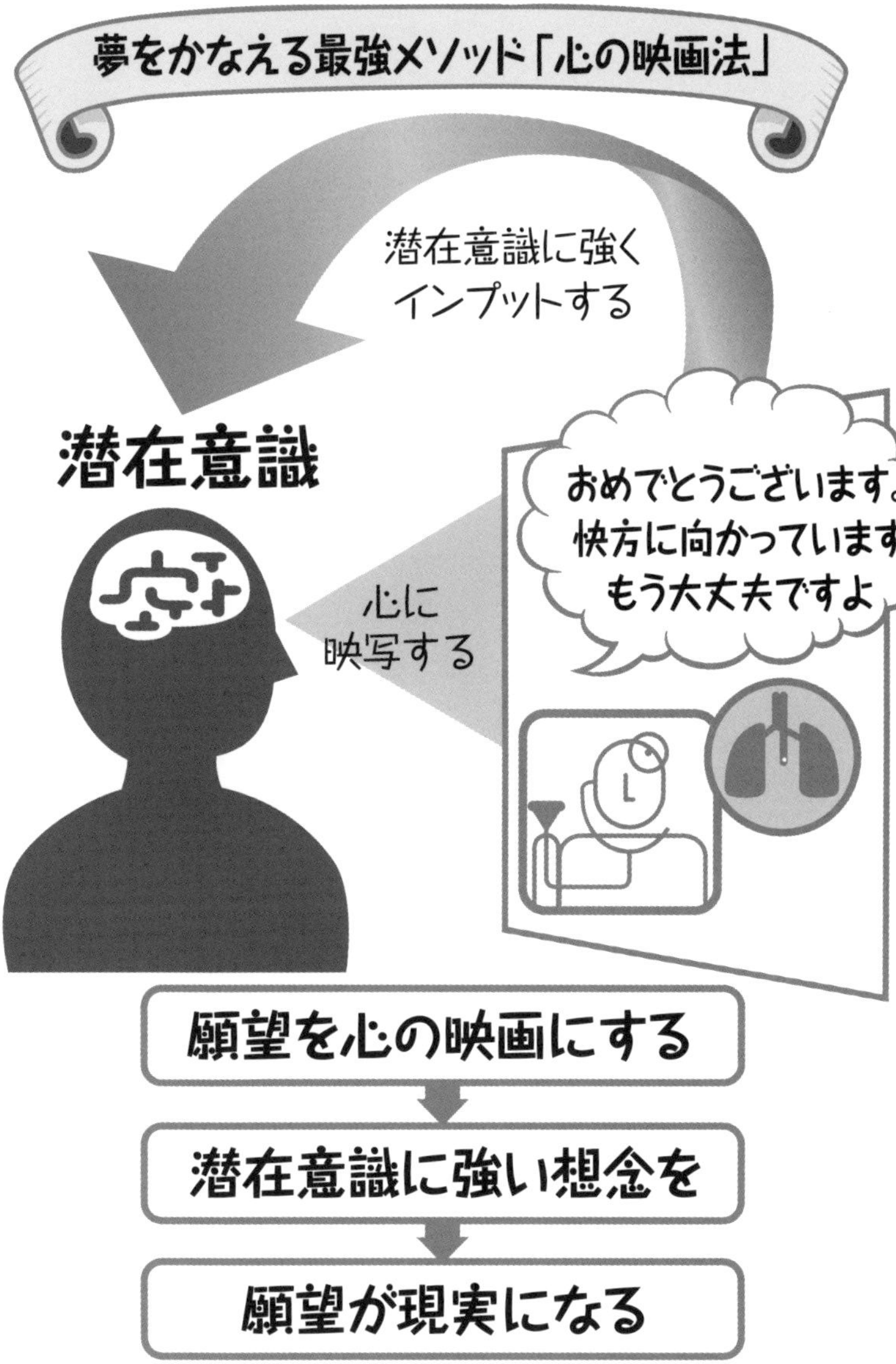
夢をかなえる最強メソッド「心の映画法」
潜在意識に強く
インプットする
潜在意識
おめでとうございます。
快方に向かっています
もう大丈夫ですよ
心に
映写する
L
願望を心の映画にする
潜在意識に強い想念を
願望が現実になる

人生を変える方法
24

具体的にリアルに夢を思い浮かべる

「心の映画法」のより具体的な映写法

「夢に関連するものに触れれば、イメージの世界にいっそうの感情を移入させることができます」
マーフィー博士

★スターはみんな実践していた「心の映画法」

マーフィー博士が推奨する「心の映画法」は、洋の東西を問わず、各界から注目を浴びています。

とりわけ、スポーツの世界ではこれをメンタル・トレーニングと呼んでおり、優れた業績を残した選手は大なり小なり行ってきました。

ミスターこと元巨人軍監督の長嶋茂雄さんなどはその典型といえるかもしれません。

また、二六二本という前代未聞の大リーグ年間安打記録を打ち立てたイチロー選手もそうで、彼もまたヒットを打つ光景を試合前にありありとイメージしたといいます。

また、最近の調査によれば、ミック・ジャガー、ヴァン・ヘイレンといったミュージシャン、リチャード・ブランソン、ビル・ゲイツといった実業家も暇さえあれば、「心の映画法」を行っていたといいます。

では、成功者たちからこれほどまで支持されている「心の映画法」を行うと、どうして夢がかないやすくなるのでしょう。

★「心の映画法」が優れている4つの理由

理由は四つあげられます。

一つは、マーフィー博士がいうように、強い想念を潜在意識に送り込むと、それを受け取った潜在意識が夢をかなえるべく、さまざまな誘導措置をとってくれる点があげられます。

つまり、ある日突然、素晴らしいアイデアがひらめいたり、インスピレーションがわいてきて、それにしたがって行動すれば、必要としている情報が入手できたり、応援・協力してくれる人に巡り会えるなど、数多くのチャンスに遭遇しやすくなるのです。

二つ目は、「心の映画法」を行うと、夢に意識が集中するため、脳に行動するための思考回路ができあがる点が指摘できます。

そのため、「夢をかなえるためには、当面、何を行うべきか」「どういった問題を解決していかなくてはならないか」といったことが明確になり、行動力がアップするようになるのです。

三つ目は、「心の映画法」を行うと、自信が湧いてくる点があげられます。つまり、自信が湧いてくることによって、「よーし、頑張るぞ」という情熱や、「必ずそうなる」という信念が強まるため、困難に立ち向かおうとする勇気まで生じるようになるのです。

四つ目は、「心の映画法」を行うと、夢がよりリアルに思えてくるため、毎日がイキイキと楽しくなってくる点があげられます。

そのため、顔の表情も、性格も、行動も、すべてが明るくポジティブになり、他人に対しても笑顔で好意的に接することができるようになります。

すなわち、そういう人は誰からも好かれ、他人から夢達成のチャンスを提供してもらいやすくなるのです。

ですから、**いかに状況が苦しく思えようとも、現状が厳しかろうと、嘆く必要なんかありません。**

そんな暇があったら、**「心の映画法」をイメージしたほうがいいのです。**

では、実際に、「心の映画法」を行うにあたり、どういった点に注意を払えばいいのでしょう。

まず、第一に、「夢はリアルであればあるほど、潜在意識に強烈に焼き付けられます」

とマーフィー博士がいうように、夢を具体的にイメージすることが重要になってきます。

なりたい自分をイメージしても、その内容が漠然としていたり、あやふやだったりすると、想念が潜在意識に到達していかないからです。

そのためには、夢に関係する写真や絵をあらかじめ眺め、想像力を養っておくといいかもしれません。

また、マーフィー博士は「夢に関連するものは、機会があったらタッチしなさい」と、フィーリング・タッチ法を行うことを勧めています。

これは、夢に関係するものがあったら、積極的にタッチし、フィーリングをつかむことで、喜びや幸福感を満喫するというやり方です。

なぜ、このやり方がベターなのか。

その理由についてマーフィー博士は次のように述べています。

「あなたも、夢に関連するものを見たり、触れるなどして、思い切りフィーリングをつかんでみてはいかがでしょう。

そうすれば、イメージの世界にいっそうの感情を移入させることができるようになるはずです。」

心に成功イメージを浮かべる
大コンサートで
ビジネスシーンで
できる人
ホームラン
こんな
効果が
心の映画法
ありありと
思い浮かべる
★アイデア・
インスピレーション
★行動力
★自信
★毎日がイキイキ

人生を
変える方法
25

眠る直前に、プラスのことを考える

潜在意識に夢を刻みつける最良の時間帯

「眠りに入るまえに、自分の潜在意識の無限の知性は自分を導き指示してくれることを信じなさい。そうすれば、夢をかなえるための素晴らしいプランをあなたに提案してくれます。それは、あなたが理性で考えているプランよりもはるかに偉大なものであることを忘れてはなりません」

マーフィー博士

★恐れるものは現れる

毎晩、眠りに就くとき、どんなことを考えているでしょうか。

「最近、売り上げが伸びないなあ。明日は会議だから上司から怒られるだろうなあ」とか「今年も国家試験に合格しなかった。来年もダメだったらどうしよう」といったように、マイナスのことを考えながら眠りに就いていませんか。

もし、思い当たる点があるなら、今日から早速改善していく必要があります。

なぜかというと、人は眠ってしまうと、顕在意識が活動を休止し、潜在意識だけの世界になるからです。つまり、眠りに就くまえの思考や感情は、眠ってしまった後、消滅するどころか、想念となってストレートに潜在意識にインプットされてしまうのです。

従って、「上司から怒られるだろうなあ」「国家試験に合格しなかったらどうしよう」といったようなことを考えると、「恐れるものは現れる」という心の法則によって、それが本当に現象となって現れてしまうのです。

もし、それが真実だとしたら、そこにある種の希望を見出すことができます。

「潜在意識に願いを刻みつける最良の時間帯は就寝前です」とマーフィー博士がいうように、眠りに入る直前にウトウトしてから「心の映画法」を行えば、顕在意識からの邪魔が入らないため、強烈な想念となってストレートに潜在意識に刻印されていきます。

つまり、それだけ夢の実現が早まるのです。

ですから、その日にイヤなことや不快なことがあったとしても、**眠りに入るまえだけは気持ちを切り替え、夢がかなったシーンだけをイメージしてはいかがでしょう。**

そうすれば、潜在意識の知恵は、眠っている間に夢をかなえるための素晴らしい方法を見つけ、その完全なる方策を伝授してくれるはずです。

では、「心の映画法」を行って、想念が潜在意識に引き渡されたかどうかを知るためにはどうしたらいいのでしょう。

これについて述べると、マーフィー博士の次の言葉が参考になると思います。

「夢が成就した場面を思い描いていくうちに、気分が高揚してきたら、あなたの願望は未来から現在へと確実に移動しつつあります」

つまり、何か「ゾクッ」とした感じがすればいいというのです。

ですから、「ゾクッ」とした感じ、「ありがたい」という感情、そして言葉では言い表せない満足感や充実感に敏感になることです。そして、こうした感覚がこみあげてきたときは、「夢の引渡しはこれで完了した。もうすぐ潜在意識が動き出してくれる」と考え、大いに喜ぶとよいのです。

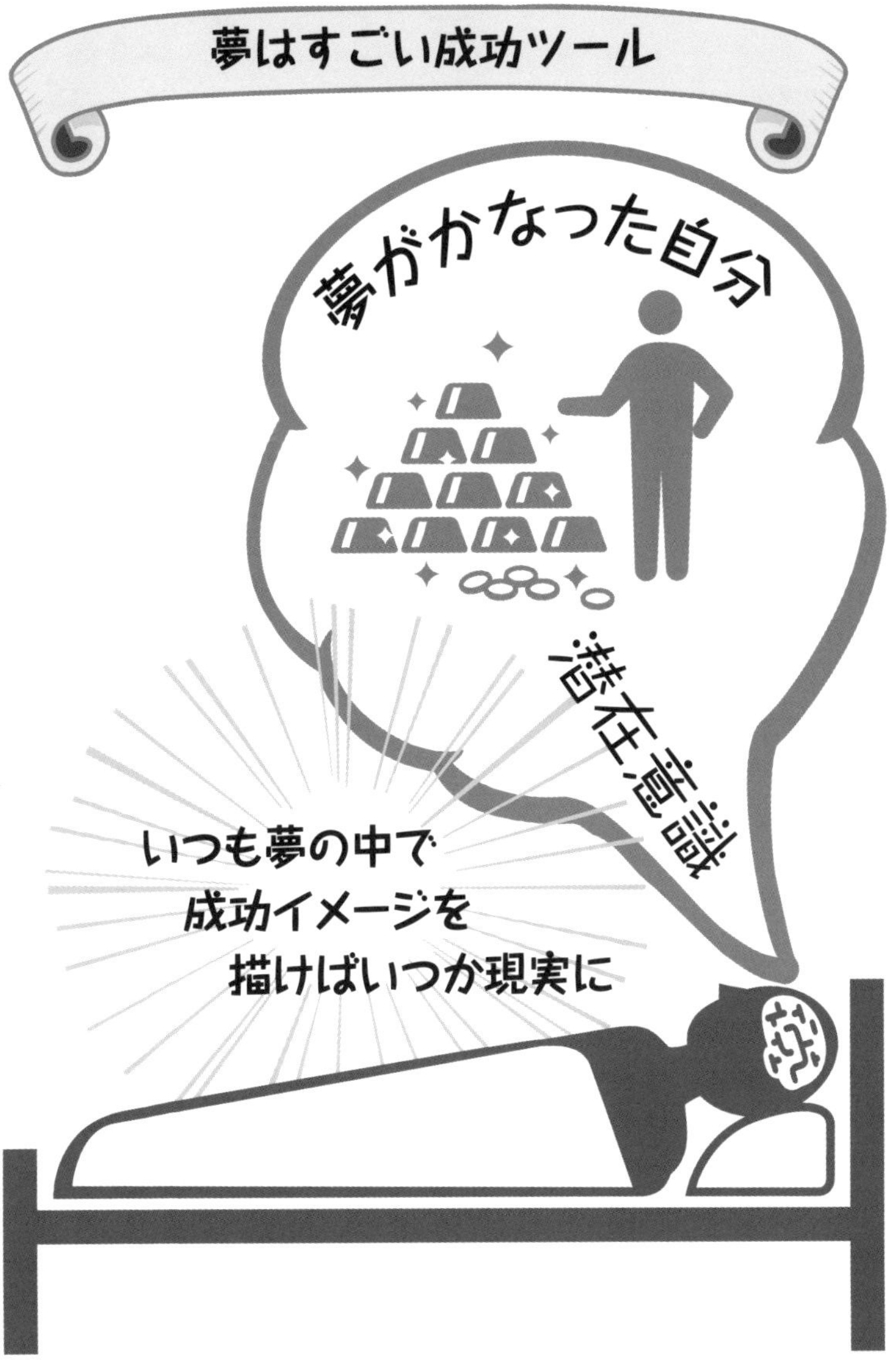
夢はすごい成功ツール
夢がかなった自分
潜在意識
いつも夢の中で
成功イメージを
描けばいつか現実に

人生を
変える方法
26

「夢は、シンプルに紙に」の効果！

イメージング・タイムを定期的にもうける

「夢は頭の中で思っているだけでなく、具体的に文字に表して見ることでいっそう効果が増します」

マーフィー博士

★ライティングメソッドを活用！

「あなたが習慣的にイメージングタイムを設けているかいないかで、夢実現の度合いは大きく違ってきます」このようにマーフィー博士は指摘しています。

そこで、「夢が中々かなわない」という人は、絶えず夢を思い出すクセをつけてはいかがでしょう。

つまり日課にしてしまうのです。

そのひとつとして、夢を紙に書いて目のつくところに貼っておき、暇を見てはそれを眺めるという「ライティング・メソッド」を実践することをお勧めします。

一日に何回も夢を書いた文字を眺めていると、そのたびに夢を思い出すため、それが想念となって潜在意識に刻印されていくからです。

実際、一日に十回見れば、一年間で三六五〇回も見たことになります。

併せて、「想念法」や「心の映画法」を行えば、相当量の想念を潜在意識にインプットすることになるのです。

ただし、問題は夢の書き方です。

願文は単純・明解・簡潔に記すこと。

これが重要なポイントになります。

というのも、願文の書き方があやふやだとストレートに潜在意識に入っていかない場合があるからです。

どういうことでしょうか。

たとえば、「私は今やっているビジネスを月商一千万円から一億円にして、自分の給料を五〇万から二百万円にしたい」と、細かな夢を数字に置き換えた願文を作成したとしましょう。

しかし、このように複雑に書くと、暗示として受け入れる以前の問題として、理論的に分析して判断する能力が必要となってきます。

そうなると、顕在意識だけの理解に終わってしまい、潜在意識まで伝わっていかない可能性のほうが強いのです。

ですから、この場合でいうと、「月商一億」もしくは「月給三百万円」という書き方が重要になってきます。

現状や過程のことなど記さず、**結果だけ、それもこういうときは目標金額だけ**を記せばいいのです。

また、マーフィー博士は「脱サラして成功をおさめたい」「スポーツカーが欲しい」という書き方にも問題があると警告しています。

こういう書き方をすると、人によっては「でも、現実的に見て脱サラは難しいかもしれない」「現実は生活が大変だから、スポーツカーを購入するお金なんてない」というほうに意識がいってしまい、マインドがマイナスに傾いてしまうというのです。

では、どういう書き方が望ましいのでしょうか。

これについて、マーフィー博士は次のように述べています。

『脱サラして成功をおさめたい』を『脱サラ・成功』。

『スポーツカーが欲しい』を『スポーツカー入手』という表現に言い換えると、やる気がいっそう増します」

つまり、**シンプルかつ明解な表現**を用いることが重要になってくるというのです。

・仕事でヒラメキやアイデアを欲している人は**「ヒラメキ倍増」**

・給料アップを望む人は「**昇給**」もしくは「**月収〇十万円突破**」
・ダイエットに成功してスリムになりたい人は「**五キロ減量**」
・調理師の試験にパスしたい人は「**調理師試験合格**」
・最新のデジタルカメラが欲しい人は「**デジカメ・ゲット**」

などの書き方を心がけてはいかがでしょう。
そうすれば、潜在意識も瞬時にあなたの夢を察知してくれるはずです。

今日から早速、ライティング・メソッドを日常生活の中に取り入れてください。
これを繰り返していけば、あなたの潜在意識は間違いなく、力強く目覚めます。

あなたの夢を一言で書いてみよう

人生を変える方法 27

夢を書く

夢を文章化するときのコツ

「願いは文章に書いてみることです
このとき、願分の書き方に工夫しましょう」
……マーフィー博士

★文章で願いを書く場合

前項で「願文はできる限りシンプルかつ明解に書くことが望ましい」といいましたが、中には「文章で表したい」という人だっているかもしれません。

そういう人は、「断定形」「進行形」「完了形」の中から自分に適した書き方を選んでください。

まず、断定形の願文ですが、これは「私はトップセールスマンになりたいと思います」といったような弱い口調ではなく、「私は必ずトップセールスマンになる」という、強い、いいきり口調の文章のことをさします。

これは、かなりの力強さがあります。

したがって、こういう願文を常に目にしていると、おのずと自信やパワーが湧いてくるため、**潜在意識に強烈な想念を送り込む**ことができるという利点があるのです。

ところが、人によってはこの断定形がマイナスに働いてしまうことがあります。

「そうはいっても実際は違う。現実はものすごく厳しい」といって現実負けしてしまう場合です。

そこで、そういう人には進行形の表現をお勧めします。

これは「私はトップセールスマンになりつつある」「私は脱サラして成功しつつある」といった書き方で、この表現なら、**実際そうなりつつあるというイメージが高まり、抵抗感もなくなる**という利点があります。

初心者にはある意味、この方法が最適であるとマーフィーは指摘しています。

しかし、この進行形にもデメリットがないわけではありません。

それは、「〜しつつある」「〜になりつつある」という表現には、力強さが感じられないため、人によっては情熱と信念が湧きにくくなってしまうことです。

そこで、そういう人には完了形の願文をお勧めします。

これは文字通り、夢を過去形で表現する方法で、「私はすでにトップセールスマンになった」「私は脱サラしてすでに成功した」という言い回しがこれに当てはまります。

このとき、自分の夢がかなったシーンをありありとイメージすることができれば、それは強烈な想念となって潜在意識の中にインプットされていくので、現象として実現する可能性があるといっていいでしょう。

以上述べた三つの書き方は、特にこだわる必要はなく、個人個人の性格や心理状態に反映させてセレクトしていくことが重要になってきます。

願いを文章で書く場合

①断定形 → 効果 潜在意識に強烈な想念を伝える

②進行形 → 効果 そうなりつつある自分のイメージを伝える

③完了形 → 効果 強烈な想念になる

あなたの夢を文章で書いてみよう

人生を
変える方法
28

書いた夢を繰り返し眺める

ライティング・メソッド携帯化の効用

「自分の心に強く訴えかける言葉を絶えず目にしていると、それは暗示となってあなたの潜在意識に刻印され、やがてその言葉の内容は現実の世界に立ち現れてくるようになります」

…………マーフィー博士

★いつも手もとに夢を

ここで、質問します。

毎日、カバンやバッグの中に何を入れていますか？　背広のポケットの中に何を入れていますか？

そういうと、財布をはじめ、携帯電話、定期入れ、名刺入れ、手帳などを思い出すのではないでしょうか。

なぜ、こんな話をしたかというと、これら日用携帯品も活用の仕方次第で立派な願望達成グッズの役目を果たしてくれるからです。

もう少し具体的にいうと、前々項で述べた**ライティング・メソッドを日用の携帯品に応用してもらいたいのです**。

財布、携帯電話、定期入れなどに常に目にとまるものに自分の目標・夢を紙に書いて貼り、暇を見ては眺めるようにするのです。

その場合、願文はできるだけ短いほうがベターです。


「月収百万円」

「マンション購入」

「課長に昇進」

「独立。開業」


このように、簡潔。明解に記しましょう。

「自分の心に強く訴えかける言葉を絶えず目にしていると、それは暗示となってあなたの潜在意識に刻印され、やがてその言葉の内容は現実の世界に立ち現れてくるようになります」とマーフィー博士がいうように、こうした願文を毎日見ていると、その言葉は潜在意識に確実にインプットされ、現象として実現するようになるのです。

ただ、初心者の場合、できれば、短期・中期の夢を書いたほうがいいかもしれません。大きな夢や長期的な夢を書くこともけっして悪くはないのですが、**実現の可能性が大きい短期・中期の夢を書いたほうが、リアルに感じられるからです。**

手帳に関しては、さらに有効に活用できます。

今述べたように、夢を簡潔・明解に書くのもひとつの方法ですが、手帳には短期夢から中期・長期夢にいたるまで、何種類かに分類して記してもかまいません。

★夢をカテゴリー化してみる

また、夢を次のようにカテゴリー別に分類してみるのも手です。この場合、できれば達成期限ももうけましょう。そうすれば、発奮せざるをえなくなり、想念のパワーもそれに比例してますます強まっていくでしょう。

【仕事に関する夢】

- 来月の企画会議で必ず自分の案を通す。
- 三カ月以内に、A社との商談をまとめる。
- 来年の秋には課長に昇進する。

【能力開発に関する夢】

- 今年の夏には英検二級を取る。
- 来年中に二級建築士の資格を取得する。
- 三年以内に一級建築士の資格を取得する。

【モノに関する夢】

- 三カ月以内に三万円貯め、デジタルカメラを購入する。
- 半年以内にパソコンの購入資金として、十万円貯める。

・再来年の夏までに自家用車購入の頭金として、百万円貯める。

【健康に関する夢】

・三カ月以内に体重を三キロ減らす。
・半年以内にコレステロールを標準値にする。
・一年後には高血圧症を完全に治す。

夢を記した手帳をいつもポケットかカバンの中に入れ、電車の中、電車を待つプラットホーム、オフィスの片隅、喫茶店で人と待ち合わせしているときなどに繰り返し眺めるようにしましょう。そうすれば、夢実現にまた一歩近づいたことになるのです。

あなたの夢をカテゴライズ化してみよう

★書きこんでみましょう！

❶ 仕事に関する夢

……………………………………………

……………………………………………

……………………………………………

……………………………………………

❷ 能力開発に関する夢

……………………………………………

……………………………………………

……………………………………………

……………………………………………

❸ モノに関する夢

……………………………………………

……………………………………………

……………………………………………

……………………………………………

❹ 健康に関する夢

……………………………………………

……………………………………………

……………………………………………

……………………………………………

人生を
変える方法
29

オリジナル音源を作る

サウンド・メソッドを活用する

「暗示をかけるときは、あらゆる意味であなたを高め、鼓舞するような暗示を与えるようにしましょう。そのためには、自分の声で自分に暗示をかけるのが一番です」

マーフィー博士

★音の効果は強い

音楽を聴くという行為も夢をかなえるうえで、重要な役割を果たしてくれるます。

そのひとつとして、マーフィー博士が推奨しているのが、自分のオリジナル音源を作成し、それを繰り返し聴くというやり方です。

自分を励まし、やる気を高めるような言葉を自分自身の声で聴けば、通常の想念以上の効果があるというのです。

やり方はいたって簡単です。

まず、音源に吹き込むためのシナリオを作成します。

シナリオには自分の夢や心に響く言葉をどんどん書き込んでいきます。

そして、それを自分の声で音源に録音し、暇さえあれば聴くようにするのです。

「シナリオに自分の夢や心打つ言葉をどんどん書き込んでいきなさい」といきなりいわれても、どういった言葉を書いていいか、戸惑ってしまう人も多いと思いますので、ここでサンプル・パターンを記しておきましょう。


【将来、弁護士になりたいという夢のある人】

私は将来、必ず弁護士になる。必ず弁護士になる。弁護士になって困っている人や悩みを抱えている人を救う。そうなることは、私の使命でもある。
私は、必ず司法試験に合格する。司法試験に合格し、立派な弁護士になる。人のため社会のために働く。そうなることは、私の生きがいでもある。

【マイホームを持ちたいと願っている人】

私は将来、田園調布にマイホームをかまえる。必ずマイホームをかまえる。マイホームをかまえ、妻や子供たちと円満に暮らす。そうなることで、家族はもっともっと幸せになり、絆もいっそう深まっていく。私も家族もますます幸せになっていく。

このとき大切なのは、**できるだけインパクトのある断定口調**を用いることです。
「弁護士になれますように」「マイホームが持てますように」といった弱々しい懇願口調では、かえって厳しい現実のほうに意識が傾いてしまったり、何よりも潜在意識に対する働きかけが弱まってしまうからです。

あなたの夢を声にしてみよう

夢を繰り返し、
ボイスレコーダーにふきこみ
掃除をしているとき
お風呂に入っているとき
ちょっとした空き時間を
うまく活用して書くようにしよう

これが私の愛

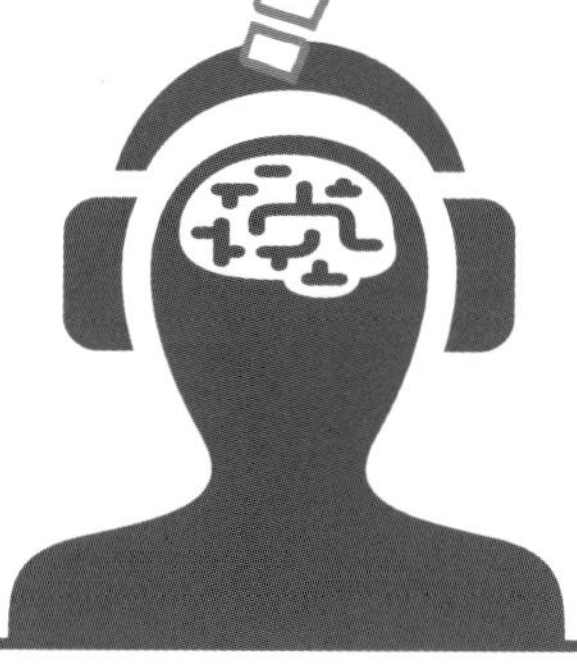

レコーダーに
吹き込む文章を
書いてみる

夢を繰り返しテープに吹き込み
掃除をしているときや
お風呂に入っているとき
ちょっとした空き時間を
うまく活用して聞くように
しよう

PART 3

こうして、
あなたの夢は、
次々にかなっていく！

「潜在意識に夢がインプットされると、本人の知らないところで潜在意識が動き出します。それも、私たちの理性を超越した思いも寄らない意外な方法で……。まったくの偶然としか思えないような形の場合もあります」

……………………………………マーフィー博士

人生を
変える方法
30

夢実現のパフォーマンスを演じる

夢はかなったかのように振る舞う効能

「あなたの潜在意識は〝現実世界の体験〟と〝想像上の体験〟の区別がつきません。したがって、〝想像上の体験〟であっても、あなたの潜在意識が本当だと思い、心が本当だと信ずることは、その中身が何であれ、潜在意識はそれを受け入れ、近い将来、実現に至らしめてくれるのです」

マーフィー博士

★楽しそうにすると本当に楽しくなる

「楽しそうに振る舞っていると、本当に楽しいことが起こります。だったら、この作用を活用しない手はありません」これはマーフィー博士の言葉です。

つまり心の中で思うだけでなく、**具体的な言動を交えながら夢がかなった未来の自分を、今、この瞬間、この場で、演じてみるのです。**

この夢実現パフォーマンスを地で行った人が、人気ロック・ギタリストのヴァン・ヘイレンであることはあまり知られていません。

ヴァン・ヘイレンは元々内気な少年に過ぎませんでしたが、高校に入学したあたりから、真剣にロック・スターになることを夢見るようになりました。

高校の学園祭でエレキギターを弾いたところ、偶然、その場に居合わせたレコード会社のディレクターから「キミはロック・ギタリストとしての素質がある」と絶賛されたからです。以来、彼は暇を見ては、大きなコンサート・ホールのステージに立ってギターを演奏するシーンを繰り返しイメージするようにしました。

すなわち、マーフィー博士のいう「心の映画法」を行ったのです。

しかし、それだけでは飽きたらなくなり、バンド仲間とスタジオで練習するとき、あたかも大観衆のまえで演奏するかのように、こんな言葉をマイクから大声で発するようになったのです。

「みんな、用意はいいかい？　これから素敵なロックンロール・パーティーを始めるぞ」

「みんな、声援ありがとう。次はニューヨークのマンハッタンの夜にふさわしいバラードを演奏しよう」

もちろん、その場にはバンド仲間しかいません。

しかし、彼は何千人もの観衆が彼らの演奏を聴き入り、興奮しているシーンをありありとイメージし、あたかも観客の声援に応えるかのような〝ステージ・パフォーマンス〟を演じつづけたのです。

そして、実際、このときの夢実現パフォーマンスが現実のものとなったことは、ロックファンなら、よくご存知のことと思います。

極端な例かもしれませんが、あなたもヴァン・ヘイレンの姿勢を大いに見習い、「こうなりたい」「ああしたい」と思うなら、すでにそうなってしまったことを先取りし、それを言動で表現してみてはいかがでしょう。

この姿勢を大切にしていけば、潜在意識はいつか必ず、「夢成就」という名の最高のプレゼントを与えてくれるようになるのです。

いまこの場で夢がかなった自分を演じる

みんな声援ありがとう!
次はニューヨークの
マンハッタンに
ふさわしいバラードだ
みんな用意はいいかい?
これから
ロックンロールパーティを
はじめるよ

夢実現

言動で表現してみよう

人生を
変える方法
31

次々にアイデアを出す方法

人と違ったことをやる

「みんながこうしているから、私もこうしようという考えを捨てることが重要になってきます。そういう気持ちでいると、固定概念がどんどん強くなり、斬新なアイデアが浮かんでこなくなります。これを防ぐ最善の手立ては、みんなと違ったことに関心を持つことです」

マーフィー博士

★直感力はこう育てる

マーフィー博士は講演などで、聴衆に向かって、よくこんなことをしゃべったといいます。

「夢をかなえるためには、こうしようという直感を養うことが重要になってきます。そのためには、『みんながこうしているから、私もこうしよう』という考えを捨てることが重要になってきます。そういう気持ちでいると、固定概念がどんどん強くなり、斬新なアイディアが浮かんでこなくなります。これを防ぐ最善の手立ては、みんなと違ったことに関心を持つことです」

それは、こういうことです。

周囲の人と歩調を合わせることばかり考えていると、定められた角度からしかモノが見られなくなるし、一定の尺度でしか物事が考えられなくなる。

すると、自分を取り巻く環境のあり方が常識のように思えてしまい、頭の中が固定概念でどんどん凝り固まっていってしまう。これを打破するためには、人と違ったことに目をつけ、人と違ったことを行うことが重要で、そうすればいろいろな知識が吸収でき、感性も刺激されるようになる。

すると、素晴らしいアイデアがひらめき、それが夢達成に一役も二役も買ってくれることがある。こういうことをマーフィー博士は聴衆に訴えているのです。

成功者と呼ばれる人の大半は、マーフィー博士がいうように、**人と違ったことに目をつけ、人と違ったことを行っています**。

ですから、あなたもマーフィー博士がいうように、「みんながこうしているから、私もこうしよう」という考えを捨て、人と違ったことに目をつけたり、人と違うことを行うことです。マンネリから脱却し、常に斬新なモノを希求することです。「おもしろそうだ」と思ったら、とりあえずやってみることです。

そうすれば、夢実現や成功を担ってくれる素晴らしいアイデアがひらめく可能性が大で、このアイデアがヒラメキやすくなる状態に自分を導いておくことも、願望をかなえるうえでの重要なスキルアップとなるのです。

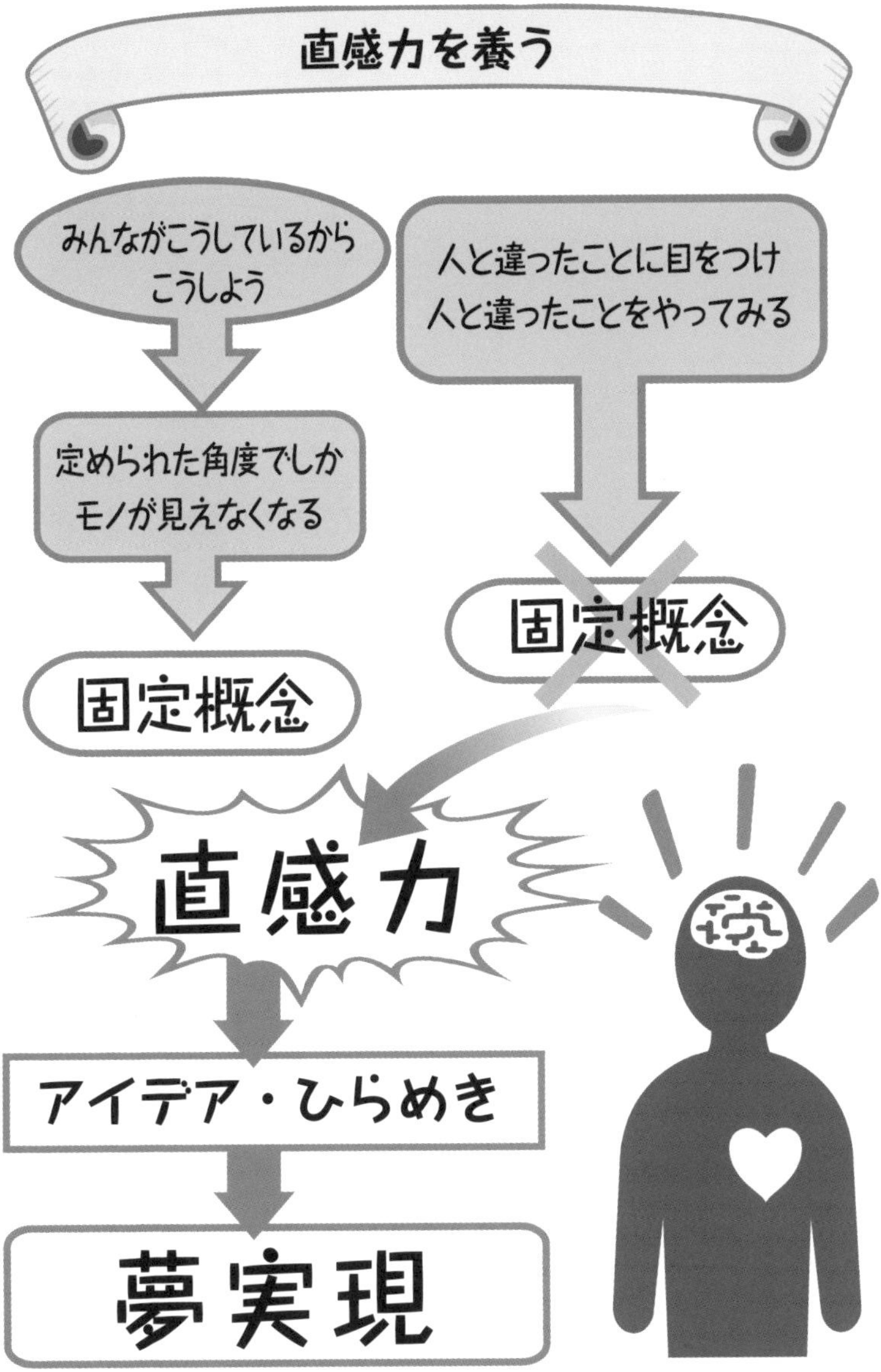
直感力を養う
みんながこうしているから
こうしよう
定められた角度でしか
モノが見えなくなる
固定概念
人と違ったことに目をつけ
人と違ったことをやってみる
固定概念
直感力
アイデア・ひらめき
夢実現

人生を変える方法
32

人とのつながりを強める

チャンスをつかむ人の共通点

「人には、自分の存在や価値を認めてもらいたいという欲求があるので、まずは、相手のそれを認めてあげなさい」

マーフィー博士

★夢をかなえた人の共通点

マーフィー博士の著書をめくると、夢がかなった人たちの例が、次のようにたくさん記されています。

▼家が貧しく、大学に行くのをあきらめかけていたが、あるとき親戚の叔母さんが「学費を出す」と申し出てくれた。
▼会社をリストラになって途方にくれていたが、知人の紹介・斡旋で、好条件の会社に再就職を果たすことができた。
▼レストランをオープンするための資金を、事業計画に賛同してくれたある金持ちの紳士が提供してくれた。

実はこの人たちにはある共通点があります。
それは、夢達成のきっかけを人から提供してもらっているということです。
援助者という他力によって大きなチャンスをつかんでいるのです。
これは私たちも例外ではなく、夢達成のチャンスは第三者の力添えによってもたらされる場合がしばしばあります。
そこで、あなたも夢達成のチャンスを提供してくれるキーマン、すなわち人脈を一人でも多く作るように心がけてはいかがでしょう。
ということは、人と良好な人間関係を築いておかねばなりません。
そのためには、次に記すマーフィー博士の三つの言葉を指針にしてもらいたいのです。

「人には、自分の存在や価値を認めてもらいたいという欲求があるので、まずは、相手のそれを認めてあげなさい」

「愛と善意を人に与えなさい」

「あなたが他人に対して望んでいることは、他人もあなたに対して望んでいることを忘れてはなりません」

良い人間関係をつくろう

① 相手の存在や価値を認める

② 愛と善意を与える

③ 人に対して望んでいることを人にする

↓

よい人間関係

↓

夢がかなう

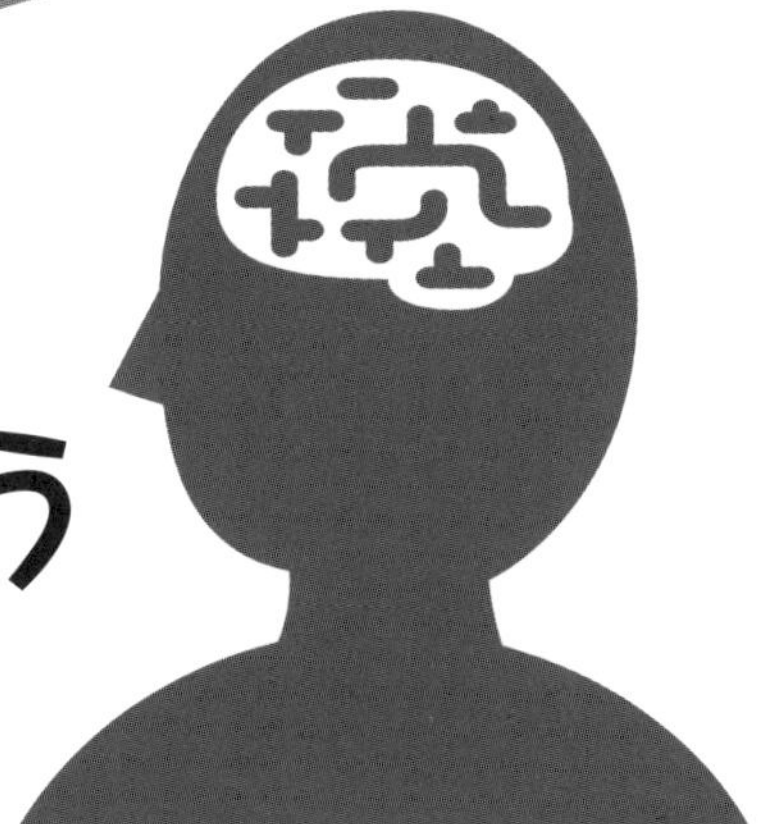

あなたが人に好かれる方法

人生を
変える方法
33

やる気の出る言葉、元気が出る言葉を連発する

「言葉を話す時、よく吟味しなさい。あなたの一語一語が相手の潜在意識に影響を及ぼします」

マーフィー博士

★言葉にはすごい効用がある

「医者には三つの武器がある。第一に言葉、第二に薬草、第三にメスである」

これは西洋医学の祖と言われたヒポクラテスの名言ですが、言葉を第一に挙げている点が誠に興味深いといえるでしょう。

その理由についてヒポクラテスは「言葉は暗示として、人間の身体に備わっている自然治癒力を促進させる効果があるからだ」と指摘しています。私も彼の意見に共感を覚えます。

「言葉を話す時、よく吟味しなさい。あなたの一語一語が相手の潜在意識に影響を及ぼします」とマーフィー博士も言うように、あなたの発した言葉は暗示となって相手の潜在意識にインプットされる仕組みになっています。

そこで提案ですが、人と会話する際、自他共に聞いて、元気が出る言葉、やる気が出る言葉を多く用いてみてはいかがでしょう。

といっても、そんなに難しく考える必要はありません。

たとえば、身体の調子がいまいち思わしくないという人がいたら、こんな言葉を投げかけてあげるだけでいいのです。

「相変わらず元気そうですね。血色がものすごくいいですよ」

「食欲旺盛ですね。その分だったら、精密検査の結果も心配ありませんよ」

一見すると、たわいのない言葉のように思えるかもしれませんが、そう言われた側からすれば、ものすごく気分が晴れるのです。

では、「痛い」「苦しい」「つらい」という、感情や感覚を相手が言葉として表してきた場合は、どのように対応すればいいのでしょう？

そういう時は、あなたから率先してポジティブな言葉を付け加えてあげましょう。

「頭痛がするの？　でも、もう薬を飲んだから大丈夫よ。すぐに元どおりになるよ」

「肩がこっているって？　でも、それはキミが一生懸命仕事をした証拠だよ。そのお陰でウチの部署はこんなに利益を出すことができた」

第三者からすれば、なぐさめの言葉にしか聞こえないかもしれませんが、これまたそう言われた側にしてみれば、大いに元気・活気・やる気がみなぎるようになるのです。

マーフィーは「人を愉快な気持ちにさせる言葉を探し出して、その言葉を頻繁に使いなさい。そうすれば、人はあなたに引き付けられるでしょう」と言っています。

元気が出る言葉、やる気が出る言葉に続いて、人を愉快な気持ちにさせる言葉を用いてみてはいかがでしょう。

これもそんなに難しく考えることはありません。

人には誰だって、ささやかな楽しみがあります。

「ジャイアンツにマジックが点灯した。優勝するのは時間の問題だ」

「今度の週末は家族で温泉旅行に出かける」

「来週の日曜日は愛しい彼女とディズニーランドでデートをする」

など、他人からすれば、たわいもないことであっても、当人にとっては胸を躍らせている事柄であります。

また、中には「先週のサッカーの試合はものすごく興奮した」「香港で見た百万ドルの夜景はとても感動的で一生忘れられない」といった具合に楽しい思い出に浸り続けている人もいたりします。

こうした、その人ならではの楽しみ・期待・希望を倍増させる言葉、もしくは楽しい思い出に浸ることができる言葉を相手に投げかけてあげるだけでいいのです。

「部長、いよいよジャイアンツにマジックが点灯しましたね。おめでとうございます」

「課長、明後日の今頃は伊豆の温泉に浸かっている頃ですね。海の幸もたくさん食べられてうらやましいなあ」

「香港で百万ドルの夜景を見てきたんですって？　キレイだったでしょうねえ」

　ＴＰＯにもよりますが、こう言われてむくれる人はもちろんいないはずです。

　むしろ、「ああ、この人はいつも自分のことを気にとめてくれているんだなあ」という気持ちを抱くと同時に、「ジャイアンツが優勝し、監督が胴上げされているシーン」や「温泉につかった後、海の幸の食事を楽しんでいるシーン」など、その人ならではの愉快で快適なシーンに思いを巡らせるのではないでしょうか。

　そして、目に見えるわけではありませんが、そういうきっかけをつくってくれた人に感謝しないではいられなくなるというものです。

　この積み重ねが、「この人は感じのいい人だ」「この人と話していると楽しい」という評価へとつながっていくのです。

言葉はとても大切です

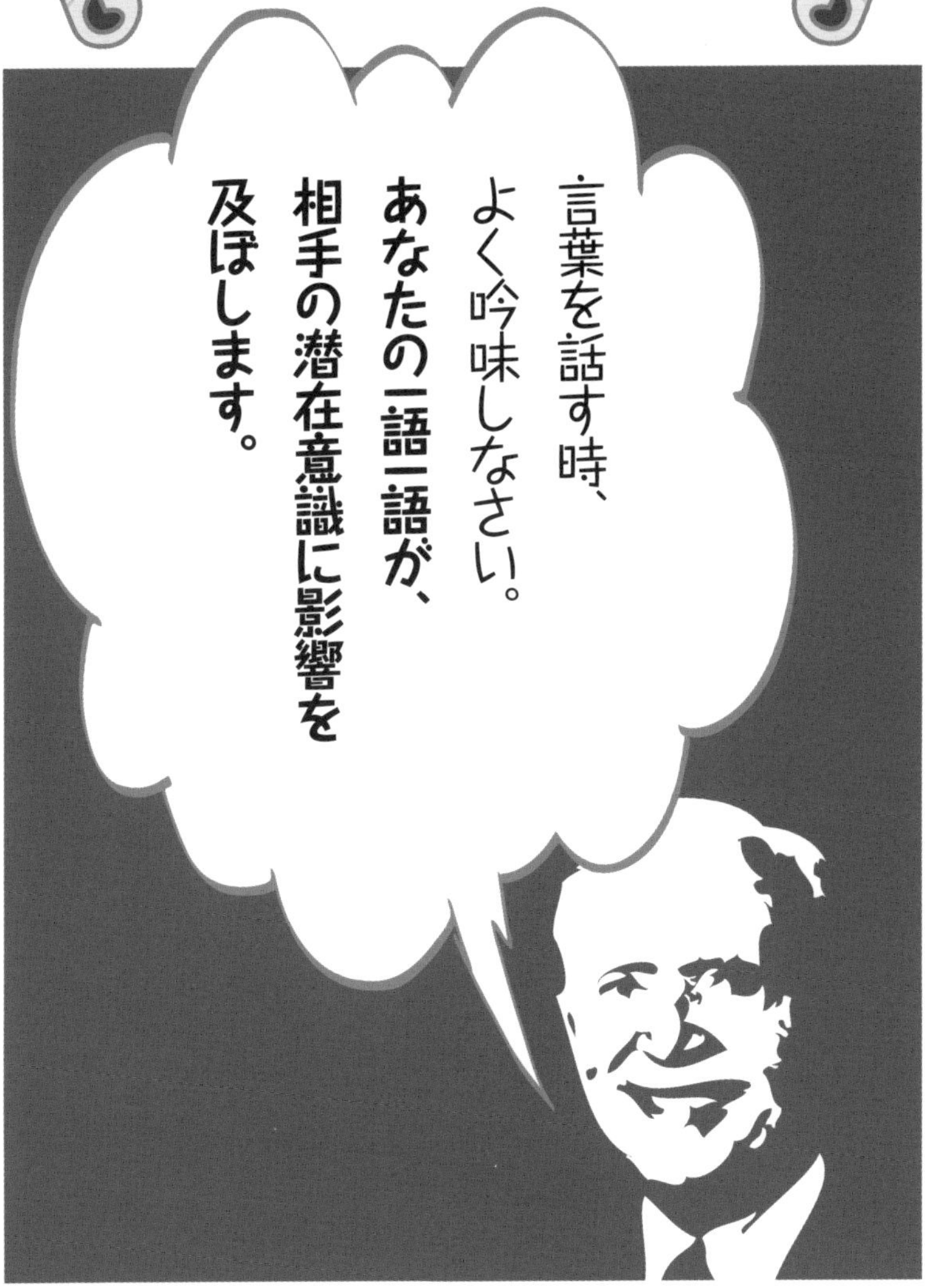
言葉を話す時、
よく吟味しなさい。
あなたの一語一語が、
相手の潜在意識に影響を
及ぼします。

人生を
変える方法
34

ラッキーの賢いつかみ方

人づきあいのいい人間になる

ヒラメキやインスピレーションや夢といったものは、ともに潜在意識からの誘導によるものです。時には他人、すなわち第三者を介して間接的な誘導措置をとることで、願望達成のチャンスを提供してくれることもあります。

――マーフィー博士

★人づきあいが大切な理由

知人の紹介である人と親しくなり、その人が脱サラ・開業のための資金を提供をしてくれた。

友人から旅行に誘われ、一緒に海外に出かけたら、現地で海外移住に欠かすことのできない情報を収集することができた。

知人に誘われ、パーティーに出席したら、素敵な男性と巡り会えた。

知人が紹介してくれた出版社に企画を売り込んだら、念願の本が出版できた。

知人のそのまた知人の紹介で、希望する会社に再就職することができた。

人づきあいのいい人になるとこのように他人からの働きかけによって生じるラッキーな現象が起きます。こうした現象をたくさん起こすためには、**日頃から人づきあいのいい好かれる人間になる必要があります**。

そのためには、親しい友人から「ねえ、今度、映画でも観に行かない」、「今度の連休、スケートをしに行こうよ」と誘われたら、それは潜在意識の誘導措置の可能性があると考え、できるだけ応じるように心がけることが重要になってきます。

ただ、親しくて信頼の置ける人に限ります。

ただ、これも確率の問題で、誰かにどこかに行こうと誘われたからといって、すぐに願望達成のチャンスが巡ってくるというわけではありません。

少なくとも、人と会うのを面倒に思ったり、「忙しいから」といって誘いを断る人に比べると、願望達成のチャンスに遭遇しやすくなるという意味なのです。

次に、「悪いけど、私の代わりに銀行に行ってもらえないかな」「今度、忘年会を開くんだけど、参加人数が少ないので、出席してもらえないかな」といった人からの頼みごとにもなるべく応じてあげたほうがいいでしょう。

「部長の代わりに、出張先に行ったら、先方さんと趣味が同じで意気投合し、大口の契約をまとめることに成功。その功績が認められて念願の課長に昇進できた」

「友人が主宰する新年会に出席したところ、印刷会社の社長と知り合い、その紹介でデザイン事務所に就職することができた」

「上司から頼まれ、休日、取引先に書類を届けにいったところ、先方の担当者と親しくなり、いつしか交際するようになった」

このような体験をした人がいます。

それに、頼みごとに応じてあげるというのは、見方を変えると、相手に喜びを与えることにもなるので、相手から感謝され、あなたのイメージアップにもつながっていきます。

人づきあいのいい人間になれば、願望達成のチャンスをつかむことができます。。人から誘われたり、頼まれごとが多ければ多いほど、その確率もグングン高まるようになるのです。

マーフィー博士もこういっています。

「周囲の人たちとのつきあいを大切にしていると、良いチャンスに巡り会う機会も多くなります。また、親しくなった人たちからどこかに行こうと誘われたりすれば、あなたにとって有益なものとなることが多くあります」

人生を変える方法
35

夢をかなえる「潜在意識からのメッセージ」

自分のインスピレーションに従う

「潜在意識に夢がインプットされると、本人の知らないところで潜在意識が動き出します。それも、私たちの理性を超越した思いも寄らない意外な方法で……。まったくの偶然としか思えないような形の場合もあります」

マーフィー博士

★直感を重視！

これまで本書で述べてきたことを肝に銘じて、想念を繰り返していると、想念を受け取った潜在意識があなたの夢をかなえようといよいよ作動を開始するようになります。

つまり、夢達成のチャンスをつかめるように、さまざまな合図を出してくれるようになるのです。

では、具体的にどのような形で潜在意識は合図を出してくれるのでしょう。

マーフィー博士の次の言葉が参考になると思います。

「直感を重視しなさい。直感は潜在意識があなたに送る信号です。あなたの顕在意識がそれに同調できなくても、直感のほうが正しい場合のほうが多いのです」

つまり、こういうことです。

私たちは、朝、目が覚めたときはもちろんのこと、ボーッとしながらくつろいでいたり、お風呂に入っていたり、誰かとおしゃべりしているときに、突然、何かフッとヒラメキやインスピレーションを感じることがあります。

実はこのヒラメキやインスピレーションが、あなたの夢をかなえようとする〝潜在意識からのメッセージ〟である可能性も十分ありえるので、それに敏感になるとよいのです。

実際、私も次のような話を耳にしたことがあります。

南の島で長期にわたって暮らしたいと願っていたら、急にサイパンに行きたくなり、現地へ行ったところ、ホテルのマネージャーと親しくなり、その人の斡旋で現地のダイビングショップに就職することができた。そして三年間滞在することができた。

勤めていた塾が倒産したため、無職の身だったが、どういうわけか急に高校時代の同窓会に出席したくなり、十年ぶりに参加したところ、恩師と再会し、恩師の斡旋・紹介で予備校に講師として再就職することができた。

ですから、想念を行っていくうちに、「習い事でも始めてみようかなあ」「どういうわけか急に、故郷にいる両親の声が聞きたくなった」「そうだ。旅行に行こう」「ご無沙汰している中学時代の担任の先生に手紙を書きたくなった」といったヒラメキやインスピレーションが湧いてきたら、しかも「どうしてもそうしたい」という強い欲求を伴うようであれば、それは**夢をかなえようとする潜在意識からの合図**であると考え、素直に従ってみるといいかもしれません。

ヒラメキ、インスピレーションを大切に！
ヒラメキ
インスピレーション
直感に従う
あっ
ヒラメいた！

人生を変える方法 36

普段と違った行動をとる

夢をかなえる人に共通の行動パターン

「行動パターンに変化をつければ、それが潜在意識を刺激するため、ヒラメキやインスピレーションが湧きやすくなります」

――マーフィー博士

★マンネリパターンを打破

「ヒラメキやインスピレーションは、夢をかなえようとする〝潜在意識からのメッセージ〟である可能性も十分ありえるので、素直に従ったほうがいい。躍起になってはいけない」と述べましたが、中には本当に直感がなくて、ヒラメキやインスピレーションが全然湧いてこない人だっているかもしれません。

そういう人は毎日の生活習慣を見直し、普段と違った行動をとってみてはいかがでしょう。

「日々の行動を変えてみることも、時には必要です。行動パターンに変化をつけると、潜在意識もイキイキと働くようになります」とは、マーフィー博士の言葉ですが、**行動パターンに変化をつければ、それが潜在意識を刺激するため、ヒラメキやインスピレーションが湧きやすくなるからです。**

いつもと違った行動をとると、潜在意識が刺激され、ヒラメキやインスピレーションが湧き起こりやすくなるので、できるかぎり変化にとんだ生活を送るように心がけてはいかがでしょう。

たまには通勤ルートを変えてみたり、普段読まない雑誌に目を通すだけでもかまいません。スポーツが好きな人は今までやったことのないスポーツにトライしてみるのもいいかもしれません。あるいは、興味のあるサークルや勉強会などに参加するのもいいかもしれません。

いずれにしても、マンネリ化した生活を改めることで、あなたは意外な形で**夢達成のチャンスをつかむ可能性**があるのです。

マーフィー博士もこういっています。

「夢をかなえる人は、時として、通常のパターンとはまったく異なる行動をとるときがあります。しかし、それは結果においていつも正解なのです」

夢をかなえる人の行動パターンは？

夢をかなえる人は時として、
通常のパターンとはまったく
異なる行動をとるときがあります。
しかしそれは結果において
いつも正解です。

人生を
変える方法
37

夢は思いもよらない形で、
やってくる

情報に敏感になる

「潜在意識の回答はしばしば思いもよらぬ形でやってきます。

たとえば通りすがりにふっと耳にした会話があなたの当面する問題を解決する糸口になるという場合もあるでしょう。

しかし、それは偶然ではないのです。潜在意識があなたにもたらしたものなのです」

――マーフィー博士

★情報通になる4つの方法

潜在意識は他人同士の会話やテレビや雑誌といったマス・メディアを通して、夢達成のチャンスをつかむための合図を送ってくれる場合がしばしばあるのです。

実際、「ホームページを検索していたら、自分が興味を持っているサークル案内が目にとまり、それに参加したら、ある人と知り合い、その人が脱サラ・開業に欠かせない有力な情報を提供してくれた」

「電車の中刷り広告を眺めていたら、新商品の開発に役立ちそうな素晴らしいアイデアが湧いてきて、それを実行に移したところ、商品が大ヒットした。そのおかげで念願のチーフに昇格した」

「雑誌をめくっていたら、旅行モニター募集の広告があり、それに応募したら、見事当選して、安価で念願の海外旅行を楽しむことができた」

「ある著者の書いた本を読み、感銘を受け、その人の講演会に出席したところ、隣に座っていた人と運命的な出会いを果たした」といった体験をした人がいます。

そこで、これから先、以下のことを心がけるといいと思います。

それだけでも、情報にだいぶ敏感になるため、夢実現のチャンスがつかみやすくなります。

①できるだけ多くの人と交流する

社内外の人、公私を問わず、**できるだけ多くの人と交流を図りましょう**。なかでも異業種の人たちとの交流は大切にすると良いと思います。同じ業界にいる人としかつきあっていないと、一定の情報しか得られません。

しかし、異業種の人は、自分たちとは違った角度からモノを見て、フレキシブルな意見を言ってくれます。しかも、自分の予想もしないところから意外な情報を提供してくれることだってあるのです。

②マス・メディアを活用する

前項で述べたことと重複しますが、いつも観ないテレビ番組を観たり、いつも読まない新聞や雑誌に目を通すようにしましょう。

実際、複数の新聞を目に通すと、同じ内容であっても、記者や論説委員によってはまったく違う解釈をしていることがあります。案外、そういったことが刺激となって、ヒラメキやインスピレーションが湧いてくることもあるのです。

③インターネットを活用する

これも基本的にはマス・メディア同様、今まで開いたことのないホームページをのぞくことをお勧めします。意外な情報が入手できたり、何かが急にひらめく可能性が大です。

④講演会へ行く

いろいろな人の話を聞くことによって様々な情報が入手でき、それがヒントになる場合が多いのです。

⑤本屋へひんぱんに足を運ぶ

本屋はまさに情報のデパートです。毎日、数百冊という本が入荷されているので、こまめに足を運びましょう。夢達成に役立つ雑誌や書籍と遭遇する可能性が大です。

想念を受け取った潜在意識は、夢をかなえようとさまざまな合図を送ってくれるようになるといいましたが、そのポイントとして夢をヒントにすることをお勧めします。

一般的に夢というのは、突拍子のないものだったり、思いもかけないものが多く、それ自体にあまり意味がないといわれています。

しかし、中には正夢というものもあり、夢で見た内容が現実となる場合もあります。

そこで、印象的な夢や忘れられない夢を見たときは、その内容を書き留めておいたり、夢に出てきた場所に実際に出かけてみるといいかもしれません。

「印象的で忘れられない夢は必ず何らかの重要な意味を持っています。その夢が語ることをよく吟味しなさい」とは、マーフィー博士の言葉ですが、潜在意識があなたの夢をかなえるために発した合図かどうかを確認してみるのです。

印象的な夢を見たときこそ、その内容を書きとめ、今後の参考にしましょう。

繰り返しいいますが、**想念を受け取った潜在意識は、私たちの理性を超越した思いもよらない方法で夢達成のチャンスを提供してくれます。**

あなたの人生が思い通りに展開していくように、意外な形で誘導措置をとってくれます。すなわち、それが夢である可能性も十分に考えられるのです。

マーフィー博士もこういっています。

「多くの人が夢で見たとおりのことが実際に起きるのを体験しています。夢はけっして絵空事ではなく、内的なシンボル的表現なのです」

情報に敏感になるための5つの方法

① 人にあう

② マスメディアを利用する

③ インターネットを活用する

④ 講演会にいく

⑤ 本屋さんにいく

人生を変える方法37

□**1** 潜在意識にあなたの夢を送りこむ

□**2** 夢の中で創造する

□**3** 自分の中の『潜在意識の力』を味方につける

□**4** 相手の幸せを自分のことのように喜ぶ

□**5** マイナスの感情がでてきたら、スイッチする

□**6** 暗いニュースは見ない、聞かない、検索しない

□**7** 嫉妬をやめ、「アングル・チェンジ」を図る

□**8** 先のことにクヨクヨと思い悩まない

□ 9　好意や和解と調和といったプラスの感情を抱く
□ 10　マイナスの感情を抱かないことを習慣にする
□ 11　毎日の行動に変化をつける
□ 12　決意したことはまわりの人に話す
□ 13　本気で望む夢を持つ
□ 14　本当に必要なものを欲しがる
□ 15　夢に優先順位をつける
□ 16　マイナスの言葉に耳を傾けない
□ 17　「自分はできる」を積み重ねていく
□ 18　夢に関連する場所に出かける

□19　夢がかなったかのように振る舞う

□20　ポジティブに考える

□21　繰り返し、考える

□22　単語を呪文のように唱える

□23　成功のシーンをありありと空想する

□24　具体的にリアルに夢を思い浮かべる

□25　眠る直前に、プラスのことを考える

□26　イメージング・タイムを定期的にもうける

□27　夢を書く

□28　書いた夢を繰り返し眺める

□ 29 オリジナル音源を作る
□ 30 夢実現のパフォーマンスを演じる
□ 31 人と違ったことをやる
□ 32 人とのつながりを強める
□ 33 やる気の出る言葉、元気が出る言葉を連発する
□ 34 人づきあいのいい人間になる
□ 35 自分のインスピレーションに従う
□ 36 普段と違った行動をとる
□ 37 情報に敏感になる

本書は『マーフィー心の力と強運の法則』を
加筆・マンガ・イラスト・図を加えて再編集・再構成したものです。

〈著者略歴〉

植西　聰（うえにし　あきら）

東京都出身。学習院大学卒業後、資生堂に勤務。
独立後、「心理学」「東洋思想」「ニューソート哲学」などに基づいた人生論の研究に従事。86年、研究成果を体系的にした『成心学』理論を確立。同時に、人々に喜びと安らぎを与える著述活動を開始。95年、「産業カウンセラー」（労働大臣認定資格）を取得。他に、「知客職」（僧位）、「心理学博士」の名誉称号を持つ。

近著 ——————
- おもてなしのコツ（自由国民社）
- この習慣さえあればいい「幸福な心」のつくり方（講談社）
- 折れない心をつくる言葉（青春出版社）
- 余計なことはやめてみる（KADOKAWA）
- 心がやすらぐ100のルール（アスペクト）
- ツライときこそ幸運はたまる（PHP研究所）

〈漫画とイラスト〉

黒澤R（くろさわ　あーる）

漫画家、イラストレーター　趣味はサウナと読書

マーフィー人生を変える奇跡の法則

2014年11月20日　　初版第1刷発行

著　者　植西　聰
発行者　笹田大治
発行所　株式会社興陽館
〒113-0024　東京都文京区西片 1-17-8 KSビル
TEL：03-5840-7820　FAX：03-5840-7954
URL：http://www.koyokan.co.jp
振替：00100-2-82041

装　丁　福田和雄（FUKUDA DESIGN）
イラスト　黒沢　R
編　集　本田道生
印　刷　KOYOKAN INC.
ＤＴＰ　有限会社ザイン
製　本　ナショナル製本

ISBN978-4-87723-186-6

興陽館の本

定価（本体 1400 円＋税）

ISBN978-4-87723-173-6 C0034

それでもフランチャイズを選びなさい 失敗しないための独立・起業77の法則

丸山　忠　著

元フランチャイズ本部社員。現在は加盟店（26 店舗）の現役オーナーで、ＦＣ本部と加盟店の両方の裏の裏まで知り尽くした著者が明かす独立・起業の成功法則。ＦＣと個人商店のメリット・デメリットや、失敗しないＦＣ本部の見極め方、開業後の店舗運営で注意すべき８つのポイント、ＦＣ起業の成功モデルとよくある 失敗例、ＦＣ起業の先にある7つの選択肢など、ＦＣ起業の成功ノウハウを網羅した一冊。独立開業で失敗したくない人、必読の書。

定価（本体 1500 円＋税）

ISBN978-4-87723-181-1 C3055

中古カメラの転売で月68万円稼ぐ！ 岩佐式・ハイパービジネス超入門

岩佐忠幸　著

会社をリストラされ、夜逃げまで考えたという著者が、中古カメラの売買で自らお金を稼ぎ出す手法を考案。誰にでもリスクなく簡単にできるカメラの仕入れ、商品の価値を高めるメンテナンステクニック、利益を生み出す売却方法、また買いたいと思わせる顧客対応、商品の発送方法まで、そのノウハウや考え方を余すところなく詰め込んだ一冊。